北京联合大学高水平学术著作出版基金资助

智慧城市
投融资与风险管理

徐静◎著

电子工业出版社
Publishing House of Electronics Industry
北京·BEIJING

内 容 简 介

本书以智慧城市为研究对象,聚焦 PPP 模式下的智慧城市项目风险管理问题,按照风险识别、风险评估和风险分担的逻辑主线,构建智慧城市投融资与风险管理的框架体系。本书结合全球智慧城市实践案例,提出相应的投融资及风险管理策略建议,以期为我国新型智慧城市建设发展提供专业指引和有益借鉴。本书分为概述篇、投融资篇、风险管理篇、实践案例篇、总结展望篇,在介绍智慧城市建设和相关理论的基础上,详细介绍了投融资和风险管理方面的内容,以及国内外智慧城市投融资的典型实例,并对智慧城市的投融资进行了展望。

本书适合政府、IT 企业、智慧城市建设者、PPP 项目公司及相关机构的研究人员阅读。

图书在版编目(CIP)数据

智慧城市投融资与风险管理 / 徐静著. —北京:电子工业出版社,2022.8
ISBN 978-7-121-44243-8

Ⅰ. ①智… Ⅱ. ①徐… Ⅲ. ①现代化城市－投资管理－风险管理－研究－中国②现代化城市－融资－风险管理－研究－中国 Ⅳ. ①F299.23

中国版本图书馆 CIP 数据核字(2022)第 160043 号

责任编辑:田宏峰
印　　刷:天津嘉恒印务有限公司
装　　订:天津嘉恒印务有限公司
出版发行:电子工业出版社
　　　　　北京市海淀区万寿路 173 信箱　邮编:100036
开　　本:720×1 000　1/16　印张:14.25　字数:244 千字
版　　次:2022 年 8 月第 1 版
印　　次:2022 年 8 月第 1 次印刷
定　　价:89.00 元

前　言

作为新一代信息技术创新应用与城市转型发展深度融合的产物，智慧城市成为一股不可抗拒的浪潮正在席卷全球。随着智慧城市需求的持续增长，以及投资规模的不断扩大，创新投融资体制机制成为政府部门关注的重点议题。世界各地的城市政府均致力于与学界和业界的合作，鼓励采用政府和社会资本合作（PPP）模式，引导私营机构参与智慧城市项目的投资、建设和运营管理，从而以有限的财政资金投入满足社会的需要，提高公共产品和服务的供给能力与效率。

智慧城市是 PPP 模式应用的新领域。相较 PPP 模式应用广泛且历史久远的铁路、桥梁、收费公路、供电、供水和污水处理、医院等传统领域，智慧城市PPP 项目在我国方兴未艾。虽然政府部门鼓励采用 BT、BOT 等模式，引导多方参与智慧城市建设，但运行机制尚不完善，在建设运营过程中还面临着各种潜在的风险。因此，在我国大规模建设智慧城市的热潮中，有必要开展关于智慧城市投融资与风险管理的研究。

本书以智慧城市为研究对象，在分析智慧城市投融资环境及其风险问题的基础上，按照风险识别、风险评估、风险分担的逻辑主线，结合典型案例研究智慧城市 PPP 项目风险管理问题，据此提出相应的投融资及风险管理策略建议。

全书共分为五篇：概述篇、投融资篇、风险管理篇、实践案例篇、总结展望篇。具体章节和主要内容安排如下。

概述篇包括第 1 章和第 2 章。

第 1 章为绪论。本章基于全球智慧城市发展和中国智慧城市战略，提出 PPP模式是智慧城市投融资创新之路。阐述智慧城市投融资与风险管理的研究背景，结合国内外研究和发展现状，指出本书的研究目的、意义和主要内容。

第 2 章为相关概念与理论基础。本章基于城市科学、管理科学、系统科学以及计算机与信息科学等多学科视角，对智慧城市投融资与风险管理的基本概念、相关理论和方法体系进行综述，为后续研究奠定基础。

投融资篇包括第 3 章和第 4 章。

第 3 章为智慧城市应用 PPP 模式的理论分析。本章基于公共产品、项目区分、新公共管理和民营化等理论，结合智慧城市产品和服务特点及其经营属性，探讨智慧城市项目应用 PPP 模式理论的可行性和具体运作方式，以期为我国的智慧城市 PPP 项目实践提供理论指导。

第 4 章为 PPP 模式下智慧城市项目实施现状。本章在当前政府追求 PPP 项目落地、社会资本积极参与 PPP 项目的热潮中，从参与主体、建设内容、合作模式及面临的风险等方面，对我国的智慧城市 PPP 项目建设和实施情况进行多维度分析。

风险管理篇包括第 5 章到第 7 章。

第 5 章为智慧城市 PPP 项目风险形成机理研究。本章以系统理论为指导，应用系统动力学方法，从结构-行为视角构建智慧城市 PPP 项目风险管理的系统动力学模型，结合智慧城市 PPP 项目典型案例进行仿真模拟，揭示 PPP 项目风险形成的内在机理。

第 6 章为智慧城市 PPP 项目风险模糊影响图评价。本章针对智慧城市 PPP 项目风险因素的影响关系及所引起的后果得不到确切表示、风险损失难以量化等问题，引入模糊影响图算法，结合智慧城市 PPP 项目典型案例进行风险评估。

第 7 章为智慧城市 PPP 项目风险分担机制设计。本章从 PPP 项目参与主体的合作性和风险因素的不确定性出发，构建基于随机合作博弈的风险分担比例决策模型，结合智慧城市 PPP 项目典型案例给出合理的分担方式。

实践案例篇包括第 8 章和第 9 章。

第 8 章为国外智慧城市实践典型案例。本章基于国际视角，选取美国芝加哥、西班牙巴塞罗那、瑞典斯德哥尔摩、韩国釜山、新加坡等正在为智慧城市投资铺平道路的城市作为案例，对智慧城市建设概况、投融资模式及面临的风险与挑战进行分析。

第 9 章为我国智慧城市实践典型案例。本章以入选财政部 PPP 中心项目库的 11 个智慧城市国家级示范 PPP 项目为案例,对各个项目的实施概况、PPP 模式应用和风险管理方案进行分析,以期为智慧城市推广应用 PPP 模式和加强风险管理提供借鉴与参考。

总结展望篇仅有第 10 章。

第 10 章为总结与展望。本章总结全书,按照风险管理的原则,提出系统观下的 PPP 项目风险管理模式,在智慧城市 PPP 项目层面提出风险管理的对策建议,结合智慧城市愿景展望未来的研究方向和发展趋势。

总体来说,通过 PPP 模式建设公共基础设施已经成为世界各国广泛采用的方法。在国家鼓励重点领域推广运用 PPP 模式的政策背景下,本书具有重要的理论价值和现实意义:一方面,有利于建立和完善智慧城市投融资和风险管理体系,为我国智慧城市 PPP 项目风险管理提供理论指导;另一方面,能够为智慧城市 PPP 项目参与主体实施风险管理提供决策支持,为全国范围的智慧城市建设提供参考范例。

作　者

2022 年 7 月

目　　录

概述篇

　　"筑城以卫君，造廓以守民"体现了古代城市的最初功用；"和谐宜居、智慧汇聚"代表了现代城市的美好愿景。本篇基于全球智慧城市发展的时代背景，引出智慧城市投融资与风险管理研究主题，阐述相关概念与理论基础。

第 *1* 章

绪　　论

智慧城市以引领城市走向繁荣和可持续发展的道路为愿景，代表城市信息化发展的高级阶段。投融资是智慧城市建设的源头活水，创新机制体制和强化风险管理至关重要。本章主要阐述智慧城市投融资与风险管理的研究背景，结合国内外研究和发展现状，指出研究目的、意义和主要内容。

1.1　背景与意义

1.1.1　研究背景

1）全球智慧城市需求持续增长

随着无线通信技术、跨平台技术，以及云计算、物联网、大数据和人工智能等新一代信息技术的发展，智慧城市（Smart City）成为一股不可抗拒的浪潮，正在席卷全球。作为新一代信息技术的创新应用与城市转型发展深度融合的产物，智慧城市的建设内容包括城市信息基础设施、智慧共用平台，以及面向政府、企业和市民的智慧应用系统，涵盖了轨道交通、公共设施、垃圾污水处理、能源、水利、保障性安居工程、医疗、养老、教育、文化、旅游等众多领域。

自我国确立智慧城市发展战略以来，住房和城乡建设部、科学技术部分别于 2013 年 1 月、2013 年 8 月、2015 年 4 月联合公布了三批国家智慧城市试点（详见附录 A）。在试点城市的示范作用下，全国智慧城市实践渐次展开。各地方政府纷纷响应国家战略，出台了智慧城市的相关政策法规，积极落实行动计划和实施方案，长三角、珠三角、环渤海地区，甚至不少西部城市也在积极推进智慧城市建设。据统计，我国 95% 的副省级城市、76% 的地级城市，总计超过 500 个城市，均在政府工作报告或"十三五"规划中明确提出或正在建设智慧城市。以北京为例，北京市人民政府于 1999 年提出"数字北京"建设目标，"十二五"期间实现了从"数字北京"向"智慧北京"全面跃升，2012 年 3 月发布《智慧北京行动纲要》，北京市信息化整体水平达到国内领先和国际先进水平，进入了智慧发展新阶段，到 2025 年北京将建成为全球新型智慧城市的标杆城市。在实践层面，北京市承担了 11 个国家智慧城市试点建设工作，对全国智慧城市的建设发挥着重要的引领和示范作用。现阶段，加快智慧城市建设，也是对党的十九大报告中关于发展数字中国、数字经济和智慧社会号召的响应。"十四五"期间，我国将继续坚定不移地建设数字中国，推进以人为核心的新型城镇化，推动互联网、大数据、人工智能等技术与各产业的深度融合。

在国家战略和政策的引导下，智慧城市建设得到了从中央到地方各级政府的高度重视，许多城市把建设智慧城市作为未来发展的重点，给予了丰厚的经费支持。从投资规模看，我国三批智慧城市试点将建设 3600 多个项目，总投资预算约为 1.3 万亿元[1]，已投入资金 1145 亿元。根据"十三五"规划，我国对智慧城市的投资总规模将逾 5000 亿元。据 IDC 预测，2023 年全球与智慧城市技术相关的投资将达到 1894.6 亿美元，中国市场规模将达到 389.23 亿美元，如图 1.1 所示。

2）PPP 模式创新智慧城市投融资机制

智慧城市建设是一项庞大、繁杂、涉及面广、投入资源大、科技含量高和时间跨度长的系统工程，所需的资金极为庞大。事实上，智慧城市从提出以来就一直存在建设模式、资金投入、运营方式等难题。智慧城市投资巨大的特点与政府财政预算有限的冲突，促使公共部门鼓励采用公私合作的模式，引导私营企业参与智慧城市项目的投资、建设和运营管理，通过使用者付费、必要的

1　本书未标明币种时，均指人民币。

政府付费或可行性缺口补助等方式获得收益,从而以有限的财政满足社会需要,提高公共产品和服务的供给能力与效率。因此,公私合作被看成破解智慧城市建设资金困局的一剂良药,成为新时期智慧城市建设的必然选择。

2018—2023年中国与智慧城市技术相关的投资预测

图 1.1　我国智慧城市市场规模预测(资料来源:IDC 中国,2019 年)

当前阶段,通过公私合作模式建设公共基础设施,已经成为发达国家和发展中国家广泛采用的方法。根据世界银行私人参与基础设施(Private Participation in Infrastructure,PPI)数据库,2011—2020 年全球 PPI 投资规模和项目数量如图 1.2 所示。其中,2020 年全球 PPI 项目总投资额约为 457 亿美元,PPI 项目数量共 252 个。其中,中国仍是 PPI 投资额较高的国家,主要涉及能源、交通、供水和水处理、城市固体废物处理和 ICT 等领域。

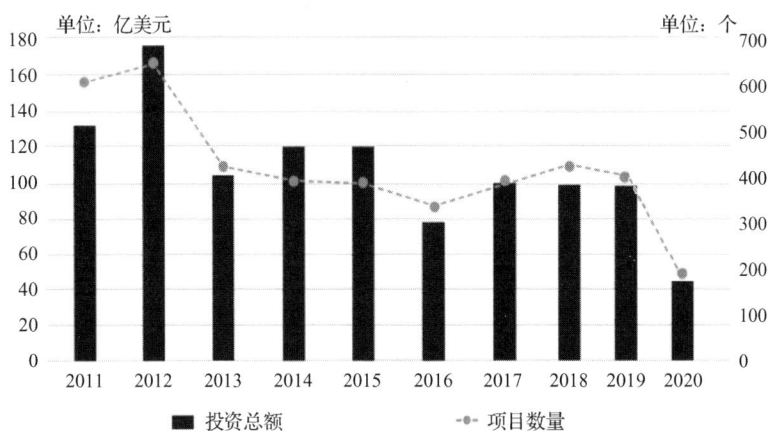

图 1.2　2011—2020 年全球 PPI 投资规模(资料来源:世界银行 PPI 数据库,2021 年)

我国正在积极创新重点领域投融资机制，在公共服务、资源环境、生态保护、基础设施等领域鼓励社会投资，大力推广运用 PPP 模式，以增强公共产品和服务的供给能力。根据全国 PPP 综合信息平台项目库统计，截至 2020 年 12 月，全国 PPP 综合信息平台项目库共有 9935 个项目，总投资额约 152557 亿元，涵盖能源、交通运输、水利建设、生态建设和环境保护、农业、林业、科技、保障性安居工程、医疗卫生、养老、教育、文化、体育、市政工程、政府基础设施、城镇综合开发、旅游、社会保障及其他行业。其中，智慧城市隶属于科技领域，入库的智慧城市 PPP 项目共 87 个，计划总投资约 552 亿万元。除此之外，全国各地众多未列入财政部 PPP 示范项目的智慧城市项目，也正在紧锣密鼓地推进。

作为一种更具吸引力的项目建设和投融资模式，PPP 模式有利于激发市场主体的活力，盘活社会存量资本，从而有效缓解政府预算压力，降低财政风险。同时，PPP 模式也是一次财政和投融资体制的变革，有利于完善财政投入和管理方式，加快政府职能的转变，推动政府从公共产品的直接提供者转变为社会资本的合作者，以及 PPP 项目的监管者，提高公共服务水平。正因如此，越来越多的地方政府开始尝试采用 PPP 模式建设智慧城市，各种社会资本也在积极探索参与 PPP 之路，不仅包含国有企业、外资企业，还吸引了很多民营企业。此外，银行、保险企业、信托机构、资产管理机构等，有建设资质和行业运营资质的企业，以及具有资金实力和融资能力的企业都在积极参与 PPP 项目。

3）风险管理攸关智慧城市 PPP 项目的成败

为了满足持续增长的智慧城市建设需求，世界各地主要城市的政府均致力于和学术界、产业界的合作，通过 PPP 模式引导并协助私营企业提供智慧城市产品和服务。除了可以解决财政资金限制的问题，PPP 模式还有助于发掘学术界的创造力和卓越研究，并可鼓励工商界在智慧城市解决方案上创新和投资。然而，实践中不乏失败的 PPP 项目案例，大都可归因于风险管理缺失或风险管理不当，面临的风险可能有法律变更、审批延误、政策失误/宂长、政府信用、不可抗力、融资风险、市场收益不足、项目唯一性风险、配套设备服务提供风险、市场需求变化、收费变更、腐败风险等。

智慧城市是 PPP 模式应用的新领域，相较于 PPP 模式应用广泛且历史久远的铁路、桥梁、收费公路、供电、供水和污水处理、医院等传统领域，智慧城市 PPP 项目在我国方兴未艾。虽然政府部门鼓励采用 BT、BOT 等模式，引导多方参与智慧城市的建设，但运行机制尚不完善，建设运营过程中面临着各种潜在风险。就项目实施而言，智慧城市 PPP 项目通常投资金额大、周期长，面临的不确定因素多，相应的风险也大。由于合作的公共部门和私营企业所要实现的目标各有不同，PPP 模式组织结构又具有复杂性，在整体的操作过程中难免会产生各种风险，由公共部门或私营企业任何一方单独承担，都不利于 PPP 项目的顺利推进。如果合作方对风险没有清醒的认识，将会影响利益相关主体的关系，损害参与方的积极性，或者使政府处于被动尴尬的局面，甚至直接导致 PPP 项目失败。

在实践中，一些智慧城市 PPP 项目因未完成社会资本采购、项目实施发生重大变化、运作模式不规范、采购程序不严谨、签约主体存在瑕疵等问题，被清退出财政部 PPP 中心项目管理库，不再采用 PPP 模式实施和管理，不得再按 PPP 政策和制度安排财政支出。智慧城市 PPP 项目退库清单如表 1.1 所示。

表 1.1　智慧城市 PPP 项目退库清单

序　号	项 目 名 称	退 库 时 间
1	西藏自治区日喀则市智慧日喀则建设（一期）	2020 年 11 月
2	河南省许昌市禹州市中原云都大数据云计算中心一期 PPP 项目	2020 年 9 月
3	山西省忻州市原平市智慧城市建设工程 PPP 项目（一期）	2020 年 8 月
4	山东省聊城市茌平县智慧城市社会安全及县乡道智能交通系统建设 PPP 项目	2020 年 5 月
5	"智慧九江"建设 PPP 项目	2020 年 1 月
6	山西省临汾市大数据产业园 PPP 项目	2019 年 7 月
7	新疆北屯市智慧城市项目	2019 年 7 月
8	湖南省耒阳市智慧城市综合开发项目	2019 年 5 月
9	湖北省荆门市钟祥市智慧城市建设	2018 年 9 月
10	河南省许昌市公有云中心及智慧应用 PPP 项目	2018 年 8 月
11	贵州省六盘水国家智慧城市试点项目	2018 年 8 月
12	云南省昆明市智慧城市（一期）PPP 项目	2018 年 8 月
13	内蒙古自治区鄂尔多斯市东胜区智慧城市建设 2016 年提升工程（i-dongsheng 公众服务平台）	2018 年 8 月

那么，与一般公共基础设施类的 PPP 项目相比，智慧城市可以提供哪些公共产品和服务？这些产品和服务是否具有可经营性？适宜采用何种 PPP 运作方式？如何识别、评估和应对智慧城市 PPP 项目中的风险？这些都是 PPP 项目各参与方普遍关注和亟待厘清的问题，也是成功实施智慧城市 PPP 项目的关键所在。

1.1.2　研究意义

在我国智慧城市 PPP 项目大规模建设的热潮中，有必要根据智慧城市产品和服务的特点及其项目属性，开展智慧城市 PPP 项目风险管理研究。

（1）学术价值：PPP 模式不仅是一种融资手段，更是建设与治理模式的变革和创新。通过研究智慧城市 PPP 项目中的风险因素及其形成机理，科学评估 PPP 项目的风险水平，设计公共部门和私营企业间的合理风险分担机制，有利于完善智慧城市 PPP 项目的投融资与风险管理体系。

（2）应用价值：风险管理是保证智慧城市 PPP 项目顺利实施的关键，研究成果能够为智慧城市 PPP 项目的实施主体和监管机构制定投资决策、进行风险管理提供指南，并通过国内外典型案例解析对全国范围内的智慧城市建设产生积极的引领和示范作用。

1.2　国内外研究综述

1.2.1　智慧城市投融资研究

自哈佛商学院发布"智慧城市宣言"以来，全球开启了关于智慧城市的广泛研究和实践[1]。智慧城市是指运用物联网、云计算、大数据、空间地理信息等新一代信息技术，促进城市规划、建设、管理和服务智慧化的新理念、新模式。许多组织都对智慧城市进行过诠释，如 MIT、Vienna UT、ICF、ICMA、URENIO 等研究机构，以及 IBM、Hitachi、Siemens、Cisco 等世界知名企业。从目前的研究成果来看，围绕智慧城市的研究视角和内容主要集中在城市规划与管理[1,2]、技术创新[4]、投融资与运营[5]、商业模式、政府治理[6,7]、建设路径[8]等方面。

随着智慧城市建设工程的推进，部分学者开始关注并研究其投融资与运营模式。由于受传统投融资体制的制约，我国智慧城市建设过程中面临资金困境问题，必须克服这些障碍，让金融成为智慧城市建设的加速器[9]。智慧城市建设是个长期复杂的过程，需要巨额的投资资金，单纯依靠政府投入和信贷远远不够，还要引入社会资本并创新融资模式[10]。智慧城市需要全社会的共同参与，只有建立合适的投资运营模式，才能厘清权责利的关系，让政府、企业、用户及其他机构等形成合力[11]。智慧城市的长期盈利能力具有不确定性，通过创新公私伙伴关系可以支持智慧城市建设，PPP 模式是优化政府公共部门和私营企业之间交易的一个有吸引力的方案[12,13]。关于 PPP 模式在智慧城市或 IT 领域的应用研究，Fretheim 和 Derek 研究了如何提高智慧城市 PPP 项目共同体的机动性问题[14]。Koliba Christopher 和 DeMenno Mercy 等人分析了智能电网 PPP 项目在建设、协调和管理中的特点及复杂性[15]。Gary Nichols 探讨了市政当局在降低 PPP 项目风险的同时提高运营效率和绩效的问题[16]。李明、吴磊指出智慧城市 PPP 项目可以充分利用机构和社会资本管理效率高、技术创新能力强的优势及财政资金的杠杆放大作用，有效解决智慧城市建设和运营维护中资金来源、项目回款等一系列难题[17]。

目前学术界关于智慧城市的研究主要集中在积极推进智慧城市建设，而智慧城市建设风险方面的研究相对较少，具体到智慧城市 PPP 项目风险则更缺乏深入研究。杨礼茂等人分析了智慧城市在规划设计阶段、开发建设阶段、运营维护阶段的风险[18]。胡丽、陈友福基于阶段分析法，具体分析了智慧城市建设在规划设计阶段、开发建设阶段以及运营维护阶段所面临的不同风险因素和风险事件[19]。范闯、刘玉明指出智慧城市建设是个长期且复杂的动态运营过程，引入 PPP 模式成功应用的重要因素，要在建设过程中构建较为系统完善的风险分担机制[20]。

1.2.2 PPP 模式及其风险研究

政府和社会资本之间的合作由来已久，PPP 一词在 1978 年已见于学术文献[21]。从研究文献来看，PPP 通常被翻译为公私伙伴关系[22,23]、公私合作制[24]、公私合营[25]等。在我国，关于 PPP 的政策文件中一般称之为政府和社会资本合作。具体来说，PPP 模式是指政府与私营企业签订长期协议，授权私营企业代替政府建设、运营或管理公共基础设施并向公众提供公共服务。世界各个国家和地区在推行 PPP 时都结合自身特点加以创新，从而衍生出许多更灵活的模式，如外包、租赁、特许经营、O&M、DB、DBO、BOT、BOOT、LOO 等。PPP 模式在城市领域的应用广泛，涵盖水务[26]、轨道交通[27]、公共基础设施[28]、公共事业[29]等各方面，在智慧城市[30]、电子政务[31]等领域也有应用和研究。

与 PPP 相关的两个概念是 PFI 和 PPI。PFI（Private Finance Initiative）的英文原意为私人融资活动，产生于 20 世纪 90 年代的英国，在日本、韩国等得到推广应用[32]。PPI（Private Participation in Infrastructure）可直译为私人参与基础设施建设，世界银行开发了专门的 PPI 数据库，提供了从 1984 年以来的 6400 多个私营企业参与基础设施项目信息[33]。文献检索发现，近年来关于 PPP、PFI 和 PPI 的研究逐渐增多，学者们发表了超过 3000 篇的研究论文。

自 20 世纪 90 年代起，探索 PPP 项目的关键成功因素一直是学术研究的热点。从 CNKI Scholer 检索结果来看，截至 2020 年 12 月，题目中含有"public private partnership"的文献约 2600 条，其中包含"risk"的约 160 条，占比 6%。与 PPP 项目风险管理相关的研究主要集中在风险识别、风险评估和风险分担三个方面。

（1）PPP 风险识别。Tarek M. Zayed 等人按风险来源和类型，将 BOT 项目风险划分为政治风险、财务风险、市场风险、开发风险、运营风险等[34]；Ernest Effah Ameyaw 等人指出 PPP 项目风险体现在薄弱的规制、融资风险、风险分配机制的缺失、缺乏经验、公众抵触、延迟和不支付账单等方面[35]；胡忆楠等人通过对"一带一路"沿线国家的 11 个典型 PPP 项目案例进行整合与分析，发现整个 PPP 项目运作过程面临的主要风险有五类，分别是政治风险、法律风险、经济风险、社会风险和自然风险[36]。

（2）PPP 风险评估。由于 PPP 项目缺乏历史数据，很多学者尝试将模糊数学、神经网络技术、层次分析法和德尔菲法结合在一起构建风险评估模型[37]。Alireza Valipour 等人应用模糊网络分析法对高速公路 PPP 项目风险进行重要性排序[38]。Yin H 等人通过对国内某 PPP 项目进行问卷调查，应用 SPSS 因子分析法进行实证检验，建立了 PPP 项目融资风险指标体系[39]。Li J 等人以模糊层次分析法作为风险评估技术，以便提高 PPP 项目风险评估的准确性，并对高速公路 PPP 项目进行模糊层次分析[40]。Sadoullah Ebrahimnejad 等人运用模糊多属性决策模型对 BOT 项目风险进行识别和评估[41]。鉴于 PPP 项目的复杂性可能会使风险以不可预知甚至是灾难性的方式出现和蔓延，还有学者倡导在 PPP 项目风险管理中引入系统思考，尽管在实践中并没有被广泛采用[42]。魏蓉蓉等人对我国地方政府 PPP 隐性债务风险进行了评估，认为我国地方政府 PPP 隐性债务规模仍处于合理范围，但是部分地区的违约风险相当大，且区域异质性明显，西部内陆地区的违约明显高于东南沿海地区[43]。

（3）PPP 风险分担。PPP 项目能否成功的关键在很大程度上取决于政府与社会资本之间的风险分担机制是否合理[44]。在 PPP 项目中，当风险分担合理时，社会效益会得到最大化[45,46]。关于风险分担方法，博弈论、ANP-Shapley 值是广为采用的方法[47,48]，也有学者运用粗糙集对 PPP 项目的风险分担行为进行研究[49]。

学者们从 PPP 项目风险研究中得出了不同结论。Nehemiah Y S 等人在 PPP 和风险管理文献综述的基础上，提出了尼日利亚住房 PPP 项目风险管理的概念框架，认为当有充分的 PPP 法律和监管体系，在合同中明确风险分担结构及防止任何缔约方违约的强制条款时，PPP 是最有效的[50]。Alireza Valipour 等人为了克服不同级别风险存在的相互影响和反馈关系，应用模糊网络分析法（FANP）对高速公路 PPP 项目风险进行研究，结果表明金融、法律和政治风险是最关键的，尽管设计不当、土地价值变更和特许权终止是最重要的风险[51]。Hadi Sarvari 等人认为第三方侵权责任、利率波动、建设成本超支，以及法律变更风险是关键因素[52]。Ernest Effah Ameyaw 等人认为最重要的风险包括合同设计不合理、定价和收费标准不确定、政治干预、公众反对、施工时间和成本超支、不支付账单、项目经验不足、融资风险、错误的需求预测、运营成本高以及合作伙伴之间的冲突等[53]。

1.2.3 现有研究评述

综上所述，国内外学者已经对智慧城市、PPP 模式及风险管理进行了大量研究，为后续研究奠定了理论基础和方法依据。然而，由于研究视角、研究对象和内容的不同，现有的研究还存在一些局限性。

（1）学术界尚未开展关于智慧城市领域的 PPP 模式研究，更多的是在实践层面的探索，尽管国家和地方政府鼓励采用 BT、BOT 等模式，引导多方参与智慧城市建设，但相关的法律政策框架和运营环境尚不完善，带来了政府规制、市场、财务、运营等方面的不确定性，因此有必要就智慧城市 PPP 项目风险管理开展研究。

（2）其他领域 PPP 模式及风险管理的研究成果很难适用于智慧城市 PPP 项目，智慧城市 PPP 项目涵盖轨道交通、停车设施、垃圾污水处理、能源、水利、保障性安居工程、医疗、养老、教育、文化、旅游、高速公路和社会治安等领域，具有投资额巨大、建设周期长、融资结构复杂等特点，经营属性的不同使其风险比一般项目更加多样而复杂，需要根据项目属性开展有针对性的研究。

（3）现有文献对 PPP 项目风险管理的研究缺乏整体的系统观，智慧城市 PPP 项目所处环境的动态性决定了风险不可避免地存在于项目的全生命周期，对于整个项目全生命周期的风险识别、风险评估和风险分担问题，需要运用系统、动态的方法进行研究。

1.3　本书简介

1.3.1　研究目的

本书基于公共产品、项目区分、新公共管理和民营化等理论，对智慧城市应用 PPP 模式的理论可行性进行分析，以风险管理的基本程序为基础，在分析智慧城市投融资环境与风险问题的基础上，按照风险识别、风险评估和风险分担的逻辑主线，研究智慧城市 PPP 项目风险管理问题，从而为项目主体识别风险因素、合理评估风险、选择风险承担方式提供决策支持，据此提出智慧城市 PPP 项目风险管理对策，以期对我国智慧城市 PPP 项目风险管理提供理论依据和实践指导。

1.3.2　框架与内容

本书分概述篇、投融资篇、风险管理篇、实践案例篇、总结展望篇，共 10 章内容，总体框架如图 1.3 所示。

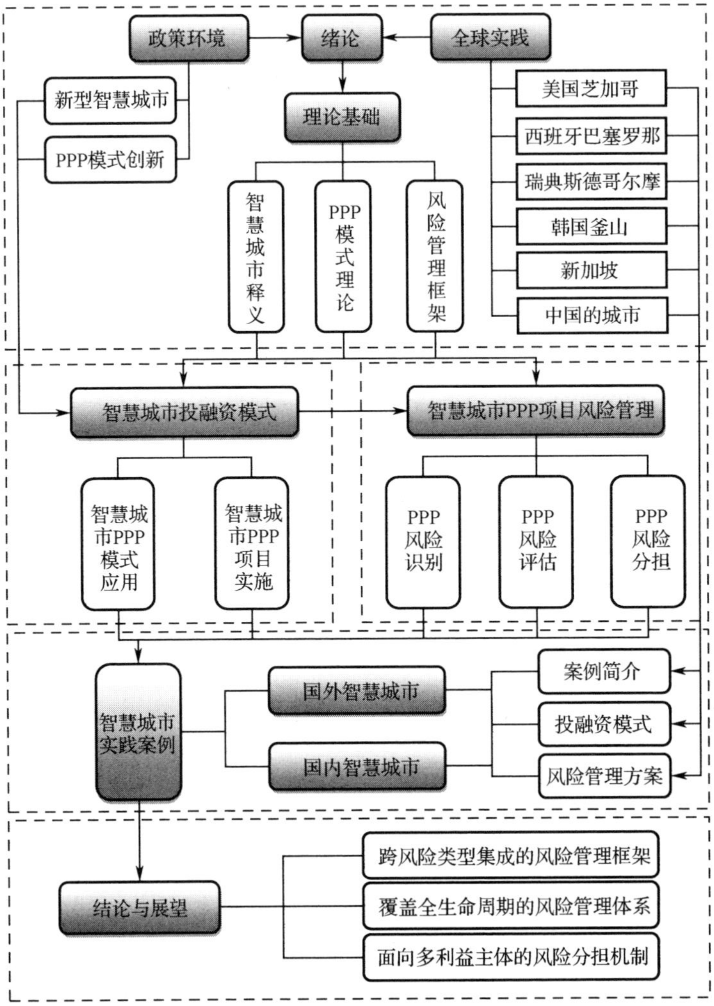

图 1.3　本书总体框架

1.3.3　研究方法

本书采用文献研究和问卷调查相结合、定性分析和定量分析相结合、理论
建模和案例分析相结合的方法，主要包括文献研究、问卷调查、系统动力学建
模、模糊影响图评估、随机合作博弈分析、案例分析等，技术路线如图 1.4 所示。

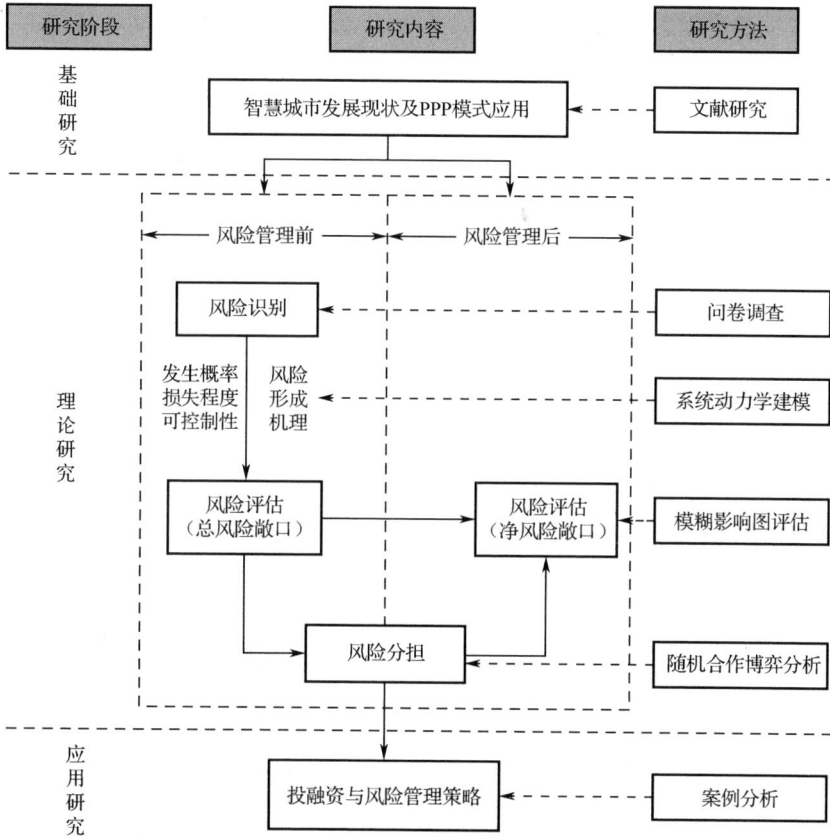

图 1.4　技术路线

1.3.4　创新之处

本书的主要创新之处如下：

智慧城市投融资与风险管理

（1）智慧城市 PPP 模式承载地方融资和债务平台双重使命，是对商业模式的重要创新，结合智慧城市项目属性提出 TOP 分类模型，用于界定智慧城市 PPP 项目的范围，基于多方主体的合作性、利益目标和风险因素的不确定性研究智慧城市 PPP 项目风险识别、评估和分担问题，是对现有研究的拓展和深化。

（2）应用系统动力学计算机模拟软件构建智慧城市 PPP 项目系统动力学模型，并进行仿真模拟，从系统结构-行为视角揭示资本结构与收益、风险之间的关系，能够实现对智慧城市 PPP 项目风险的动态管理，是区别于传统静态方法的创新。

第 **2** 章

相关概念与理论基础

智慧城市投融资与风险管理的研究是一个多学科融合的新兴领域，涉及的学科包括城市科学、管理科学、系统科学、计算机与信息科学等。本章对智慧城市投融资与风险管理的基本概念、相关理论和方法体系进行综述，为后续研究奠定坚实的基础。

2.1 智慧城市释义

2.1.1 智慧城市的由来

进入 21 世纪后，物联网、云计算等新一代信息技术迅速发展。2008 年 11 月，IBM 提出了"智慧地球"（Smart Planet）理念，智慧地球也称为智能地球，就是首先把感应器嵌入和装备到电网、铁路、桥梁、隧道、公路、建筑、供水系统、大坝、油气管道等多种物体中，并且被普遍连接，形成物联网；然后将物联网与现有的互联网连接起来，实现人类社会与物理系统的整合。2009 年 1 月，美国总统奥巴马公开肯定了 IBM 的"智慧地球"理念。2009 年 6 月，哈佛大学商学院发布了"智慧城市宣言"。该宣言指出，为了使我们的城市和社区更智慧，必须更加智慧地搜集信息，实现交互和协作。2009 年 8 月，IBM 发布了《智慧地球赢在中国》计划书，引领了中国关于智慧城市的研究与实践。由此，智慧城市理念被正式提出，关于智慧城市的研究和实践成为引领城市信息化的新热潮。

关于智慧城市的概念，国内外研究机构、学者有不同的理解和阐释。

根据哈佛大学商学院 Kanter R M 和 IBM 公司 Litow S S 的描述，智慧城市的愿景是在不久的将来，通过技术能力和社会创新来创建一个更智慧的地球，并以智慧城市、智能社区作为节点来服务城市居民的生活[54]。

美国麻省理工学院智慧城市研究团队认为，城市是由不同子系统所组成的系统，在系统整合的每个层面都存在大量机会来引入数字神经系统，以实现智能响应和最优化，涵盖个人、建筑和整合城市的设备设施。

美国学者安东尼·汤森（Anthony Townsend）在《智慧城市：大数据、互联网时代的城市未来》一书中指出，智慧城市并不是观念、思想的空谈，而是紧密结合能源短缺、腐败、贫困等一系列全球性重大问题，让我们看到了智慧城市在解决这些问题中的作用[55]。

国家发展和改革委员会等八部委于 2014 年联合下发了《关于促进智慧城市健康发展的指导意见》。该指导意见对智慧城市的定义是，运用物联网、云计算、大数据、空间地理信息等新一代信息技术，促进城市规划、建设、管理和服务智慧化的新理念和新模式。

中国科学院、中国工程院院士李德仁认为，智慧城市是在城市全面数字化基础上建立的可视化和可量测的智能化城市管理和运营，即数字城市+物联网=智慧城市[56]。

中国测绘科学研究院李成名认为，与数字城市相比，智慧城市将从"两式四化"（分布式、一站式、数字化、网络化、空间化、协同化），发展到"4S 四化"[基础设施即服务（IaaS）、平台即服务（PaaS）、软件即服务（SaaS）、数据即服务 DaaS、鲜活化、虚拟化、代理化、灵性化] [57]。

浙江大学傅荣校认为，智慧城市是继数字城市、信息化城市之后出现的迭代概念，也是城市信息化较高级的形态，我国智慧城市更强调经济属性和社会属性，积极解决以人为本、便民惠民的问题，体现出了中国特色[58]。

国家信息中心唐斯斯对"十三五"规划中提出的新型示范性智慧城市进行了解读，认为新型智慧城市是在现代信息社会条件下，以提升人民群众的幸福感和满意度为核心，为提升城市发展方式的智慧化而开展的改革创新系统工程[59]。

华中师范大学蒋华雄、郑文升认为，智慧城市的核心要素包含智慧技术、智慧居民和智慧治理，智慧城市应充分运用新一代 ICT 技术来优化城市的功能和运营，实现精细化、动态的管理，改善市民的生活质量等，将为我国城市发展与转型提供巨大的机遇[60]。

概言之，智慧城市是一个开放的复杂巨系统，主体众多、业务多样、系统结构复杂，是由多种系统构成的有机体，是系统之系统[61]。智慧城市已被公认为一个跨学科领域，其特点是采用新的治理方式，利用新一代 ICT 技术，提高公共管理能力和市民生活质量[62]。因而，智慧城市需要一系列的技术创新、业务创新，甚至体制机制创新，以便向政府、企业和市民提供基于网络的信息交互服务和智能化服务[64]。

2.1.2　智慧城市概念模型

根据智慧城市的要素和特征，可以从主体对象维度、业务职能维度和信息维度来构建智慧城市的概念模型，如图 2.1 所示。

1）主体对象维度

政府、企业、市民既是智慧城市的主体，同时也是智慧城市的服务对象。

（1）政府：政府是一个城市的"大脑"，承担着维护城市的安全和稳定、推动城市各项事业发展的职责，是推进智慧城市建设的主体。智慧城市建设的关键是具有高效的政府服务体系，即智慧政务的建设。这既是解决"城市病"的有效手段，更是政府高效运行的基础。我国的城市政府主要包括发展和改革委员会、教育、科技、经济信息化、公安、监察、民政、司法、财政、人力社保、国土、环保、规划、住房城乡建设、市政市容、交通、农业、水务、商务、旅游、文化、卫生、人口计生、审计、国资、地税、工商、质监、安全监管、广电、新闻出版、文物、体育、统计、园林绿化、金融、知识产权、民防、法制、信访等部门。

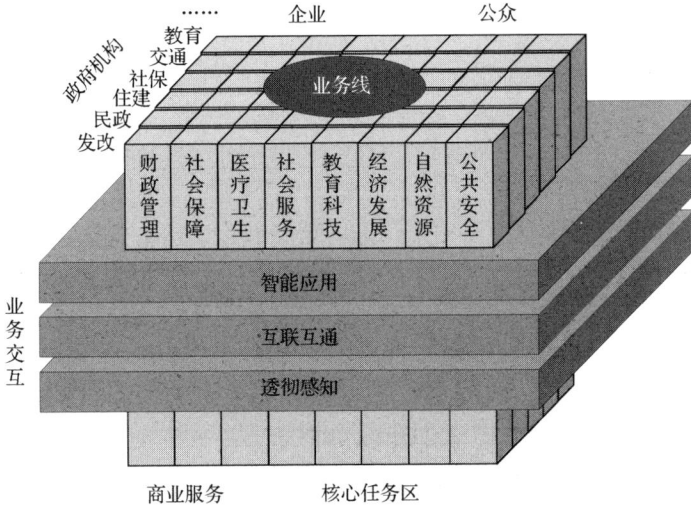

图 2.1　智慧城市的概念模型

（2）企业：企业是城市发展动力的提供者，是现代城市发挥经济功能的最基本元素。在智慧城市中，企业（特别是 IT 企业）提供了必要的建设和运营资金，支撑着智慧产业和经济的发展。智慧应用给企业带来了机遇，使新产品、新服务、新产业的出现成为可能。通过对相关产业的带动和创新作用，智慧城市已成为经济增长的倍增器。

（3）市民：智慧城市要提供智慧的生产方式和生活方式，因此智慧城市建设的重点领域是与市民（也包括从业者、旅游者和商务来访者等）生活息息相关、社会关注度高的领域，应在这些领域率先突破，切实改进市民的生活方式，提高其幸福指数。

2）业务职能维度

城市业务职能是指城市在一定地域的经济、社会发展中所发挥的作用和承担的分工，主要内容包括财务管理、社会保障、医疗卫生、教育科技、经济发展、自然资源、公共安全等。业务职能是智慧城市建设的核心内容，由涉及城市主要功能的不同类型网络、基础设施和环境等组成，包括组织（人）、业务/政务、交通、通信、水和能源等系统。

（1）组织（人）系统：城市的组织（人）系统涉及人和社会网络，包括公共安全、医疗、教育和生活质量等。

（2）业务/政务系统：城市的业务/政务系统表示业务面临的政策和管制环境，城市的商业系统遵循一定的行政规章和政治环境因素，包括商业计划的调节、对外开放和投资、劳工立法和产品市场的立法等。

（3）交通系统：城市通过交通系统向组织（人）系统提供移动服务，交通系统包括城市路网的各个方面，如公共交通、海运和空运等。

（4）通信系统：城市通过通信系统向组织（人）系统提供信息共享和沟通服务，通信系统主要包括电话网络、宽带网络和无线网络等。

（5）水系统：城市的水系统非常重要，主要包括水循环、水供应和水清洁等。

（6）能源系统：城市的能源系统和水系统一样重要，主要包括能源的产生和运输，以及能源废弃物的处理。

智慧城市以服务组织（人）系统为目的，通过各类智慧应用来支撑城市的运营、管理和服务。这些智慧应用主要包括智慧公共服务、智慧社会服务、智慧教育、智慧医疗、智慧交通、智慧物流、智慧制造、智慧商业、智慧电网、智慧水利、智慧公共安全、智慧建筑、智慧环保等，涵盖了核心业务和商业服务领域，使城市更智慧地发挥其政治、经济、社会等功能。

3）信息维度

信息贯穿于智慧城市的整个业务过程，智慧城市可看成一个复杂的自感知、自调节的闭环系统。该系统包含感知、传输、互联、优化（也称为智慧化处理）与反馈，以及复杂的信息流、控制流、知识流、价值流的协同优化，表现为透彻感知、互联互通、智慧应用。

（1）透彻感知（Instrumented）：透彻感知好比人体的皮肤和五官，基于传感器的系统可以将可见性扩展到城市的各个角落，能够采集以前无法利用（不可用的数据或数据采集成本过高）的实时数据源，包括水、空气、电、气、道路、桥梁、房屋、排污口、停车场、车辆、人体、工厂、医院、物流、视频、卫星、飞机等信息。

（2）互联互通（Interconnected）：互联互通好比人体的神经中枢，是智慧城市的信息传递和处理部门。通过各种形式的高速宽带网络，智慧城市可以将个人电子设备、组织和政府信息系统中存储的分散信息及数据联系起来，实现跨领域、跨部门、跨时空的信息交互和共享，以及业务协同。

（3）智慧应用（Intelligent）：智慧应用好比人体的肢体。通过数据挖掘和分析工具、科学模型，以及功能强大的计算系统，智慧城市可以进行复杂的数据分析、汇总和计算，以海量信息的整合，并将特定的知识应用到特定行业、场景和解决方案中，更好地支持决策和行动，提升各行业的智慧化程度。

2.1.3　智慧城市全景图

从信息架构的角度来看，智慧城市可分为信息基础设施、信息资源、信息应用等部分；从空间的角度来看，智慧城市可分为硬件空间、软件空间，以及在硬件空间和软件空间基础上拓展出的应用空间。这两种划分方法有对应关系，智慧城市的信息基础设施对应硬件空间，信息资源对应软件空间，信息应用对应应用空间。

因此，智慧城市可以看成硬件空间、软件空间和应用空间的复合体，是一个由传感器、物联网、互联网、专业网组成的，覆盖整个城市的感知神经网络。智慧城市的三维全景图如图 2.2 所示[65]。

2.2　PPP 模式简介

2.2.1　PPP 模式的本质

PPP 模式来自基础设施私有化或民营化的发展，其起源可以追溯到最优化公共管理的概念，即现在的新型公共管理。公共部门与私营企业的合作模式可以看成一种为了满足不断增长的公共基础设施需要，而引导、协助私营企业来建设公共基础设施的现代方式[63,64]。

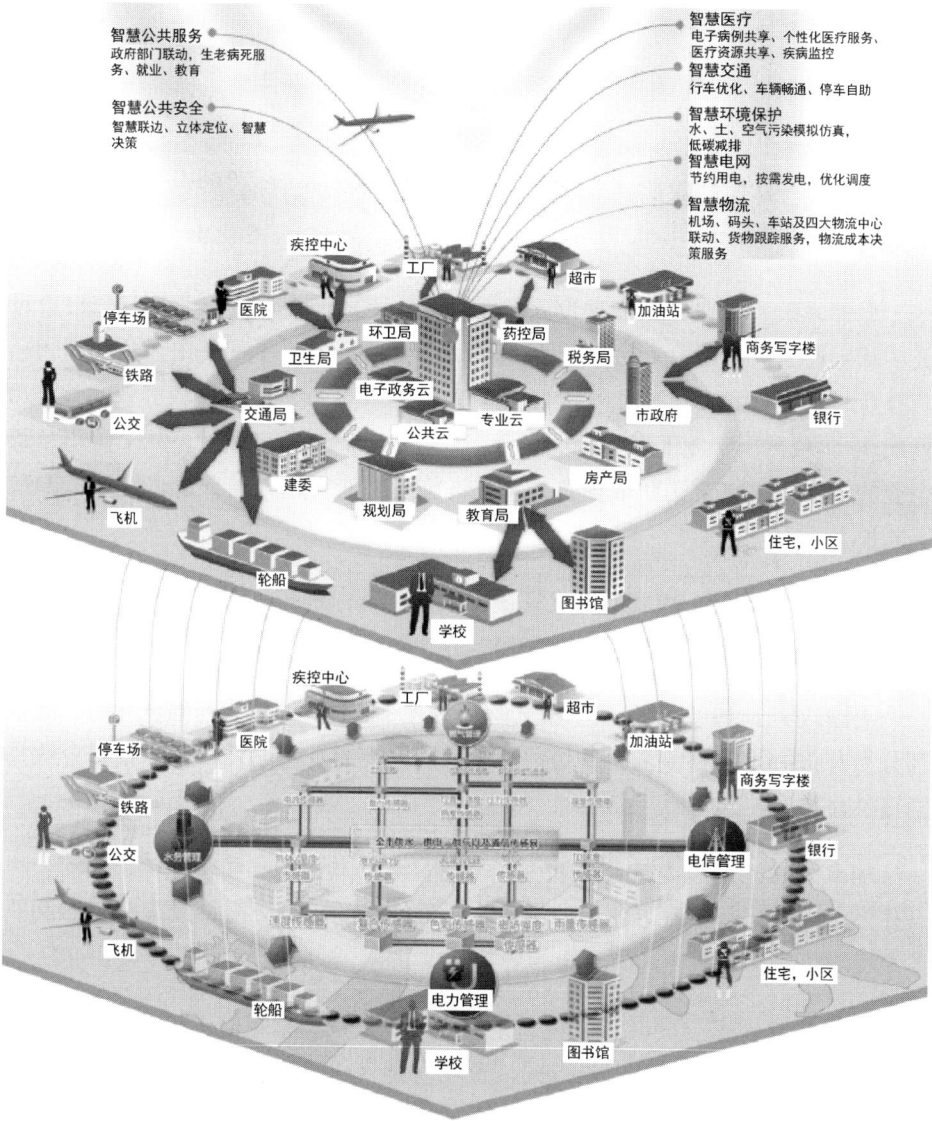

图 2.2　智慧城市的三维全景图

　　公共基础设施通常是指经济和社会正常运行所必需的各种设施及附带的设施[65]。公共基础设施既包括为进行经济和社会活动而建设的建筑物或其他有形的硬性基础设施，也包括为经济性和社会性基础设施提供服务的软性基础设施，如卫生、教育、培训和社会服务等。一般来讲，公共基础设施可

21

以分为两类：

（1）保证日常经济生活正常运行的不可或缺的经济性或工程性基础设施，如公共交通（公交）设施，以及供水、排水、供电等公共事业网络。

（2）保证社会制度正常运行的不可或缺的社会性基础设施，如学校、医院、图书馆等。

显然，政府应在公共基础设施方面发挥作用，使用私营企业的资金来建设公共基础设施也是历史上的标准做法。例如，20 世纪 50 年代美国公共部门和私营企业联合投资的教育等公用事业；20 世纪 60 年代欧洲的特许权经营协议；20 世纪 90 年代英国实施的私营企业融资倡议（PFI）。当前，通过公共部门与私营企业的合作模式来采购和维护公共基础设施已经变得越来越普遍，应用范围在不断扩大。

世界各地对 PPP 模式的定义有很大不同，其内容和目标也随各个国家的特定背景，以及不同专家的关注点而变化。

英国政府于 1997 年将 PPP 模式解释为三个方面：①公共基础设施的完全或部分私有化；②由私营企业主动融资并承担风险的发包项目；③与私营企业共同提供公共服务。

加拿大 PPP 国家委员会将 PPP 模式定义为公共部门和私营企业之间的一种合作经营关系，基于双方各自的经验，通过适当的资源分配、风险分担和利益共享机制，以满足事先清晰界定的公共需求。

美国 PPP 国家委员将 PPP 模式定义为介于外包和私有化之间的，并结合了两者特点的一种公共产品提供方式，表现为充分利用私营企业来设计、建设、投资、经营和维护公共基础设施，并提供相关服务以满足公共需求。

联合国训练研究所认为 PPP 模式包括两层含义：①为满足公共产品需求而建立的公共部门和私营企业之间的各种合作关系；②为满足公共产品需求，公共部门和私营企业建立的伙伴关系。

欧盟委员会对 PPP 模式的定义是，为提供公用项目或服务而形成的公共部门和私营企业之间的合作关系。

中国财政部政府和社会资本合作中心（PPP 中心）将 PPP 模式定义为在基础设施及公共服务领域建立的一种长期合作关系。

有些学者和业界人士认为 PPP 模式的定义过于模糊。在一般情况下，PPP 模式是指政府将其职责外包给商业合作伙伴，公共部门和私营企业共同分担风险，以获得公共政策相关领域所期望的结果[66]。在 PPP 模式下，政府通过特许经营、购买服务、股权合作等方式，与私营企业建立利益共享、风险分担的长期合作关系，从而达到增强公共产品和服务的供给能力，提高供给效率，最终实现双赢或多赢。

2.2.2　PPP 模式的特征

认识 PPP 模式的特征，可以帮助我们判断一些合作模式是否属于 PPP 模式。PPP 模式的特征包括参与方、合作关系、资源、分享与共担、连续性等，这些特征也是开展 PPP 项目时最重要的考虑因素[67]。

（1）参与方。PPP 模式涉及多方关系人，包括政府、社会资本，以及项目的融资方、承包商、专业运营商、原料供应商、产品或服务购买方、保险公司等。每一方都应能代表自身参与协商并签订合约，所有各方都必须对合作关系做出承诺。

（2）合作关系。合作关系应该是持久且有关联的。PPP 模式的本质是公共部门不再购买资产，而是按约定的条款和条件购买一整套服务，这也是 PPP 模式得以立足的关键，因为合作关系能够提供合理的经济激励机制。

（3）资源。每个参与方都必须为合作关系提供有价值的东西。PPP 模式试图利用公共部门和私营企业所能提供的技能、知识和资源，通过公共基础设施服务使资金发挥出最大的使用价值，因此各参与方必须为合作关系贡献相关的资源。

（4）分享与共担。在 PPP 模式的合作关系中，各参与方应共同承担责任和风险，不论在财务、经济、环境方面，还是在社会方面的责任和风险。这种相互的责任与传统公共部门和私营企业的合作关系不同，即公共部门在制定政策前会听取私营企业的建议，但仍保留政策制定的控制权。传统的公共部门和私

营企业的关系在本质上是一种合约关系，可以看成一种命令式的关系。在这种
情况下，私营企业并不是真正意义上的参与方。PPP模式与之形成了鲜明对照，
公共部门和私营企业之间应具有共同的利益并达成共识。

（5）连续性。加强合作关系将构成一种框架合约，这种框架合约界定了"游
戏规则"，并为参与方提供某些确定性。框架合约可以使相关的参与方在做决定
时无须每次都从头开始，可以根据最初的原则制定一些规则来管理这些相互作
用的关系。由于框架合约提供了合作关系的基本架构，因此不能完全且详细地
说明合作关系的所有部分或不能预测到各种结果。具有共同的价值、对优先等
级和政策目标达成共识，以及具有良好的相互信任，对框架合约来讲都是必不
可少的。

2.2.3 PPP模式的类型

民营化也常被看成私有化。素有"民营化大师"之称的E. S. 萨瓦斯在其著
作《民营化与公司部门的伙伴关系》中将民营化定义为：民营化是指把政府扮
演公共产品和服务生产者角色的安排转化为私人企业唱主角的安排，即由以政
府作为生产者的政府服务、政府出售、政府间协议转向以私营企业作为生产者
的合同承包、特许经营、补助、凭单制、自由市场等[68,69]。这意味着以政府高度
介入为特征的某种制度安排向政府较少介入的另一种制度安排的转变。因此，
广义上的公私伙伴关系涵盖了公共部门和私营企业共同参与生产、提供物品与
服务的任何安排。

根据私营企业参与的深入程度和法律性质，PPP模式可以分为不同的类型。
表2.1给出了PPP模式的主要类型。

表2.1 PPP模式的主要类型

政府部门	国有企业	服务外包	运营维护外包	合作组织	租赁建设经营	建设移交经营	建设经营	外围建设	购买建设经营	建设拥有者
完全国有 ←									→ 完全民营	

在表2.1中，最左端是完全国有的模式，最右端是完全民营的模式，中间的
部分代表了公共部门和私营企业合作的众多模式。需要说明的是，民营化程度

的高低是相对而言的。事实上，它们之间的区别十分细微，而且具体到每个案例，情况也不尽相同。

世界多个国家和地区在推行 PPP 模式时都结合自身特点进行了创新，从而衍生出了许多更加灵活的模式[70]。最常见的模式是建设-运营-移交（BOT）、建设-运营-拥有（BOO）、合资（JV）、租赁、运营或管理合同（O&M）。除此之外，在推行 PPP 模式的实践中还产生了其他模式，如建设-移交-运营（BTO）、建设-拥有-运营-移交（BOOT）、建设-拥有-运营-拆除（BOOR）、建设-运营-移交（BLT）、建设-运营-移交-维护（BLTM）、租赁-更新-运营-移交（LROT）、设计-建设-融资-运营（DBFO）、设计-建设-管理-融资（DCMF）、设计-建设-融资-运营-管理（DBFOM）等。

我国政府鼓励通过独资、合资、合作、联营、租赁等途径，采取特许经营、公建民营、民办公助等形式，鼓励社会资本（如民营企业）参与教育、医疗、养老、体育健身、文化设施建设。可见，PPP 模式的类型较多，有广义和狭义之分。我国官方文件涉及的 PPP 模式主要有 O&M、BOT、BOOT、BOO、TOT 等。根据财政部的相关文件以及实际调研可知，我国的 PPP 模式重点强调两点：一是要有运营；二是要有混合股权的特许经营公司。因此，当前阶段我国大力推行的 PPP 模式是以基于特许经营权合同为主的体系。

2.3 PPP 风险管理框架

2.3.1 风险管理概念

《韦氏词典》将风险定义为损失、伤害、不利或破坏的可能性。风险由三个要素构成：风险因素、风险事件和损失，风险因素是指引起或增加风险事件发生机会或扩大损失的条件，是风险事件发生的潜在原因；风险事件是指造成财产损失的偶发事件，意味着损失的可能成为现实，即风险的发生；损失是指非故意的、非预期的和非计划的经济价值的减少。三者之间的关系为，风险因素引起或增加风险事件发生的机会，风险事件的发生可能会造成损失。构成风险因素的条件越多，发生损失的可能性就越大，损失就会越严重。

项目风险是指可能导致项目损失的不确定性，或某一事件发生给项目带来不利影响的可能性。项目风险是由暴露在损失敞口下的项目资产价值，以及这种损失发生的概率共同决定的。也有学者认为，项目风险并不是只能带来损失，项目风险也有可能带来收益。这种观点认为，项目风险是指由于项目及其所处环境和条件的不确定性，以及项目相关利益主体主观上不能准确预见或控制影响因素，使项目最终结果与项目相关利益主体的期望产生背离，从而给项目相关利益主体带来损失或收益的可能性[71]。如果考虑风险控制因素，可以进一步将项目风险定义为某项威胁或风险事件发生的概率，乘以控制措施未能成功预防或检测到该项威胁或风险事件的概率，再乘以该项威胁导致的损失或带来的收益。

项目风险管理的根本是努力做好趋利避害的管理工作。也就是说，项目风险管理一方面要努力避免由于项目风险可能造成的各种损失，更重要的一方面是要努力抓住项目风险带来的各种收益。实际上，项目风险越大，损失的可能性就会增加，同时风险收益的可能性也会大大增加，所以才会有"高风险、高收益"的管理规律。

借助于霍尔三维结构体系，可以形象地描述项目风险管理研究的框架。霍尔三维结构又称为霍尔系统工程，是美国系统工程专家霍尔（A. D. Hall）于 1969 年提出的一种系统工程方法论。根据霍尔三维结构体系，可将 PPP 模式下项目风险管理按照时间维度、逻辑维度、知识维度建立三维模型，如图 2.3 所示。

图 2.3 中，时间维度表示智慧城市 PPP 项目从开始到结束按时间排序的全生命周期，包括项目识别、项目准备、项目采购、项目执行和项目移交；逻辑维度表示在智慧城市 PPP 项目在每一个阶段中，项目风险管理的内容以及应遵循的思维程序，包括风险规划、风险识别、风险评估、风险应对和风险监控等；知识维度给出了项目风险管理需要的各种知识和技能，如依据、工具与技术、成果等，涉及管理、经济、金融、系统工程、信息科学等领域[72]。

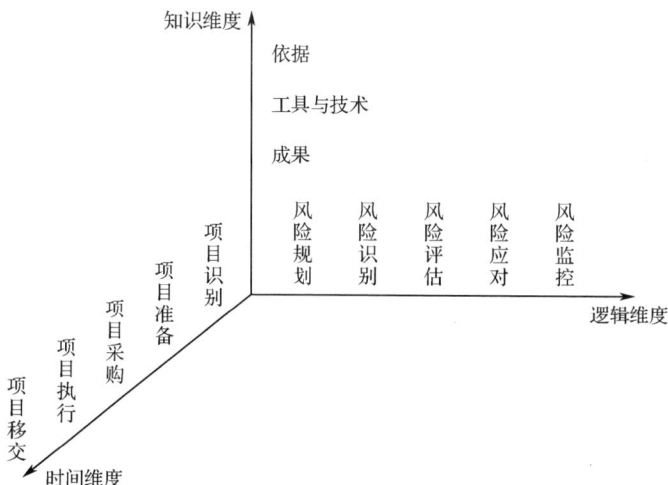

图 2.3　PPP 模式下项目风险管理的三维模型

2.3.2　全生命周期风险管理

通常，社会资本参与 PPP 项目建设的运营周期较长，大部分 PPP 项目的合作合同时间在 10 年以上。项目风险管理贯穿于 PPP 项目的全生命周期，将全生命周期理论引入 PPP 项目的动态风险研究中，既符合 PPP 项目的运行特征，又能更加全面、客观地对各类风险进行识别、评估和分担[73]。

PPP 项目的全生命周期通常包括项目识别、项目准备、项目采购、项目执行和项目移交，如图 2.4 所示。

（1）项目识别。在项目识别阶段，PPP 项目既可以由公共部门（如政府）发起，也可由社会资本（如私营企业）发起。财政部门（如 PPP 中心）会同行业主管部门，对潜在的 PPP 项目进行筛选，确定备选项目后开展物有所值评价和财政承受能力论证。通过物有所值评价和财政承受能力论证的项目，可进行项目准备。

（2）项目准备。项目准备阶段的主要工作是管理架构组建、实施方案编制和实施方案审核。对于通过物有所值评价和财政承受能力论证的项目，其实施方案由政府审核；未通过审核的实施方案，可在调整实施方案后重新审核；重

27

新审核仍不能通过的，不再采用该 PPP 项目。

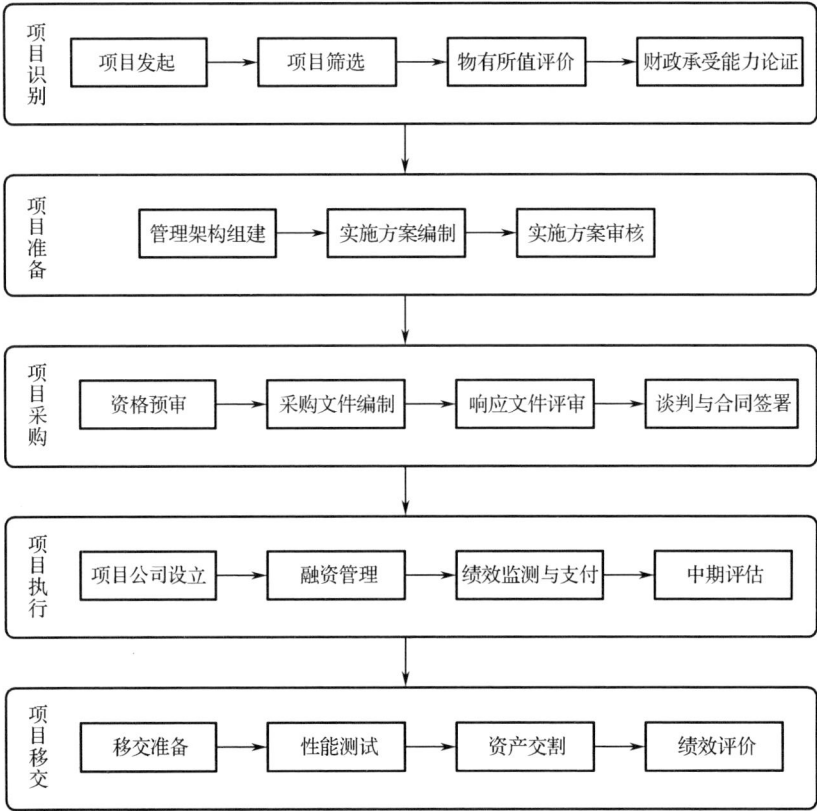

图 2.4　PPP 项目的全生命周期

（3）项目采购。项目采购可采用公开招标、邀请招标、竞争性谈判或竞争性磋商、单一来源采购等方式。项目实施机构与中选社会资本签署确认谈判备忘录，并对采购结果，以及根据采购文件、响应文件、补遗文件和确认谈判备忘录等拟定的合同文本进行公示，经政府审核同意后，由项目实施机构与中选社会资本签署合同。

（4）项目执行。在项目执行阶段，社会资本依法设立项目公司，政府可指定相关机构依法参股项目公司。政府有支付义务的，项目实施机构应根据项目合同约定的产出说明直接或通知财政部门向社会资本或项目公司及时足额支付。在项目合同执行和管理过程中，项目实施机构应重点关注合同修订、违约责任和争议解决等工作。

（5）项目移交。在项目移交时，由项目实施机构或政府指定的其他机构代表政府收回项目合同约定的项目资产。项目移交工作组应严格按照性能测试方案和移交标准对待移交的资产进行性能测试，社会资本或项目公司将满足性能测试要求的项目资产、知识产权和技术法律文件，连同资产清单移交给项目实施机构或政府指定的其他机构，办妥法律过户和管理权移交手续。

2.3.3　项目风险管理逻辑流程

项目风险管理是指由项目风险识别、项目风险度量、项目风险应对、项目风险防控等构成的一种项目专项管理工作，是一个动态、循环的过程，贯穿于项目实施的整个过程。在风险管理规划的基础上，识别、评估和应对与项目相关的风险，在 PPP 模式的基础设施建设中极为重要。

（1）风险管理规划。风险管理规划决定如何实施项目风险管理活动的过程。风险管理规划应在项目规划过程的早期完成。明确的风险管理规划是风险识别、评估、应对和监控的基础，可为项目风险管理提供充分的资源和时间。

（2）风险识别。风险识别是指对资产当前或未来所面临的和潜在的风险加以判断、归类，并对风险性质进行鉴定的过程。风险识别的目的是确认风险的来源、风险的种类，以及风险的可能影响，正确识别资产所面临的风险，从而主动选择恰当有效的方法进行应对。

（3）风险/评估。管理者在分析风险时，应当从固有风险和剩余风险两个方面进行评估。固有风险是指在管理者不采取任何风险管理措施的情况下，企业所面临的风险。剩余风险是指在管理者采取相应措施应对风险后仍然存留的风险。在评估风险时，首先评估的是固有风险，当风险管理措施确定后，再评估剩余风险。

（4）风险应对。风险应对是指在风险识别和风险评估的基础上，针对企业存在的风险因素，采取适当的方法和措施，对风险加以有效应对，以降低风险的过程。企业应当根据风险评估的结果，结合风险承受度，权衡风险与收益，确定风险应对策略。

（5）风险监控。风险监控是指对风险的发展与变化情况进行全程监督，并根据实际情况调整风险应对策略。在风险监控过程中，在发现新出现的风险，以及随着时间推移而发生变化的风险时，应当及时反馈，并根据风险对项目的影响程度，重新进行风险管理规划、风险识别、风险/评估和风险应对。

2.3.4　项目风险管理知识体系

根据美国项目管理协会（PMI）的《项目管理知识体系指南》，项目管理涉及 9 个知识领域，分别是范围管理、时间管理、成本管理、人力资源管理、质量管理、沟通管理、风险管理、采购管理、综合管理[74]。其中，风险管理是项目管理的基本要素之一，包括风险管理规划、风险识别、风险评估（包括定性风险评估与定量风险评估）、风险应对和风险监控等环节。

风险管理各环节的依据、工具与技术以及预期成果如表 2.2 所示。

表 2.2　风险管理各环节的依据、工具与技术以及预期成果

风险管理各环节	依　据	工具与技术	预期成果
风险管理规划	环境因素、组织过程资产、项目范围说明书、项目管理计划	规划会议和分析	风险管理规划
风险识别	环境因素、组织过程资产、项目范围说明书、风险管理规划、项目管理计划	文件审查，信息搜集技术（如头脑风暴、德尔菲法、访谈、关键因素识别、SWOT 分析等），核对表分析，情景分析，图解技术（如因果图、流程图、影响图等）	风险清单
定性风险评估	组织过程资产、项目范围说明书、风险管理规划、风险清单	风险概率与影响评估、概率和影响矩阵、风险数据质量评估、风险分类（风险分解矩阵、风险分解结构）、风险紧迫性评估	更新后的风险清单
定量风险评估	组织过程资产、项目范围说明书、风险管理规划、风险清单、项目管理计划（如进度和费用）	数据收集和表示技术（如访谈、概率分布、专家判断），定量风险分析模型（如敏感性分析、净现值法、决策树分析、层次分析法、模糊综合评价、系统建模和模拟等）	更新后的风险清单

风险管理 各环节	依　据	工具与技术	预期成果
风险应对	风险管理规划、风险清单	消极风险或威胁应对策略（如规避、转移、降低），积极风险或机会应对策略（如开拓、分享、提高），威胁或机会应对策略（接受），应急应对策略	更新后的风险清单与项目管理计划，以及与风险相关的合同协议
风险监控	风险管理规划、风险清单、批准的变更请求、工作绩效信息、绩效报告	风险再评估、风险审计、差异和趋势分析、绩效衡量、储备金分析、状态审查会	风险清单（更新后的）、变更审批记录、推荐的纠正措施、推荐的预防措施、组织过程资产、项目管理计划（更新后的）

2.4　本章小结

本章梳理了智慧城市、PPP 模式和 PPP 项目风险管理的相关理论和方法体系。智慧城市是一个由传感器、物联网、互联网、专业网组成的，覆盖整个城市的感知神经网络，是感知空间、互联空间和智能空间的复合体。PPP 模式来自基础设施私有化或民营化的发展，是指政府将其职责外包给商业合作伙伴，公共部门和私营企业共同分担风险以获得公共政策相关领域所期望结果的广泛意义上的各种安排。PPP 项目风险管理框架应覆盖 PPP 项目全生命周期，遵循风险管理的逻辑和步骤，应用各种风险管理知识、方法、工具和模型。

投融资篇

　　智慧城市投资巨大的特点与政府财政预算资源有限的冲突，促使政府鼓励公共部门和社会资本合作，引导私营企业参与智慧城市的投资、建设和运营管理，提高公共产品的供给能力与效率，即"聚公私之财，合公私之力"，实现公共服务提质增效目标。本篇对智慧城市采用 PPP 模式的可行性进行论证，并对 PPP 模式下的智慧城市项目实施现状进行分析。

第 3 章

智慧城市应用 PPP 模式的理论分析

　　相较于 PPP 模式应用广泛且历史久远的传统公共基础设施,智慧城市是 PPP 模式推广应用的新领域。智慧城市 PPP 项目在我国方兴未艾,现阶段更多的是实践层面的探索,而对其理论体系尚未开展深入研究。本章基于公共产品、项目区分、新公共管理和民营化等理论,结合智慧城市产品和服务的特点及经营属性,探讨智慧城市项目应用 PPP 模式的理论可行性和具体运作模式,以期为我国智慧城市 PPP 项目实践提供理论指导。

3.1　智慧城市的产品和服务

3.1.1　智慧城市的总体框架

　　研究 PPP 模式在智慧城市项目中的应用,其前提是对作为城市公共基础设施的智慧城市的认识。广义来讲,智慧城市是指基于"云、大、物、移、智"技术,实时感测、智能分析、协同整合城市运行核心系统的各项关键信息,动态响应并满足有关民生、环保、公共安全、城市服务、工商业活动的各种需求,从而实现城市的智慧化管理和运行。由此引申而来的智慧城市产品和服务种类多样,它们依附于能源、交通运输、水利、农业、林业、科技、医疗卫生、养老、教育、文化、体育、市政工程、旅游、社会保障等传统城市要素,几乎涵盖了城市所有的经济性和社会性公共基础设施。狭义的智慧城市通常是指城市信息化系统,主要包括公有云平台及运营中心、智慧公共信息平台,以及面向政府、市民和企业的各类智慧应用系统,如智慧城管、智慧政务、智慧社区、智慧医疗、智慧教育、智慧旅游、智慧物流、智慧交通、智慧水务、智慧公安、智慧安监、智慧节能环保等。

根据系统原理,智慧城市有着复杂的层次结构,是由相互作用、相互依赖的若干组成部分结合而成的,可分解为众多子项目。以智慧北京为例,遵循信息化顶层设计方法,智慧北京的总体架构可分三个层次,包括信息基础设施、智慧共用平台,以及城市智能运行(如市民数字生活、企业网络运营、政府整合服务等智慧应用系统),还包括应用与产业对接、发展环境创新体系等,如图3.1所示。

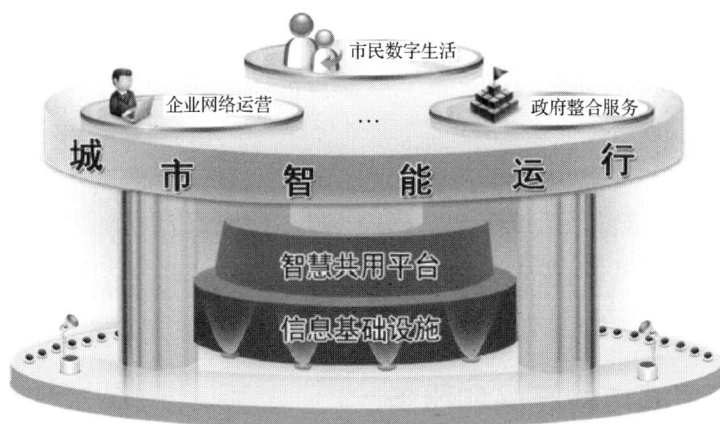

图 3.1 智慧北京的总体框架

进一步分析,智慧北京的八大行动计划又被分解为51项重点工作任务,具体包括无线城市、政务信息网络、便民服务终端等信息基础设施提升项目;城市人口精准管理、交通智能管理服务、资源和生态环境智能监控、城市安全智能保障等城市智能运行项目;市民卡、智慧社区、智慧旅游文化服务等市民数字生活项目;智慧企业、电子商务等企业网络运营项目;公共集成服务、政府决策支持等政府整合服务项目;政务服务共用平台、社会信息化公共服务平台等智慧共用平台项目;体验中心、示范社区、示范企业和示范园区等应用与产业对接项目;法规标准等发展环境创新项目。

3.1.2 智慧城市的项目特点

与传统公共基础设施，如收费公路建设、收费停车位管理、与房地产有关的市政建设、客运运营、污水/垃圾处理等项目不同，智慧城市项目具有自身的特点，主要体现在以下三个方面：

（1）在智慧城市领域，不论信息基础设施建设、智慧共用平台建设，还是智慧应用体系建设，都属于信息化项目，其特点是建立在轨道交通、停车设施、垃圾污水处理、能源、水利、保障性安居工程、医疗、养老、教育、文化、郊区旅游、高速公路等城市基础设施要素之上，并依附于这些要素。

（2）从广义来讲，智慧城市作为新一代信息技术创新应用与城市转型发展深度融合的产物，以透彻感知、互联互通和智慧应用为特点，建设内容兼具硬件设施和软件系统，这些产品和服务包含公共和私人的部分，共同实现城市智能运行、市民数字生活、企业网络运营、政府整合服务等目标。

（3）智慧城市产品和服务涵盖面广、种类繁多、关联复杂、属性多样。产品和服务的经营属性在一定程度上决定了智慧城市项目的投资主体、运作模式、资金渠道及权益归属的不同，所以智慧城市领域的 PPP 项目运作模式与风险管理更为复杂。

3.1.3 智慧城市的产品属性

判断 PPP 模式是否可行，以及 PPP 模式能否成功实施，源于对智慧城市产品属性的正确界定。智慧城市建设内容兼具硬件设施和软件系统，是有形的物质结构和无形的流动性的结合[75]。这些产品和服务既包含公共部分，也包含私人部分。那么，一种类型的智慧城市产品或服务比另一种类型在本质上是否更适合使用 PPP 模式呢？

借助于公共产品理论，我们可以按照竞争性和排他性特征对智慧城市的产品和服务进行分类[76,77]。竞争性是指某人已经消费的给定数量的某种商品不能同时被其他人消费的特性。那么，从智慧城市到智慧社区，再到智能家居，竞争性特点越来越显著。排他性是指一种物品具有可以阻止其他人使用该物品的特性。同样，从智慧城市公开信息到专题信息，再到收费信息，排他性特征越来越显著。由此，可以抽象地对智慧城市产品和服务类型进行划分，如图 3.2 所示。

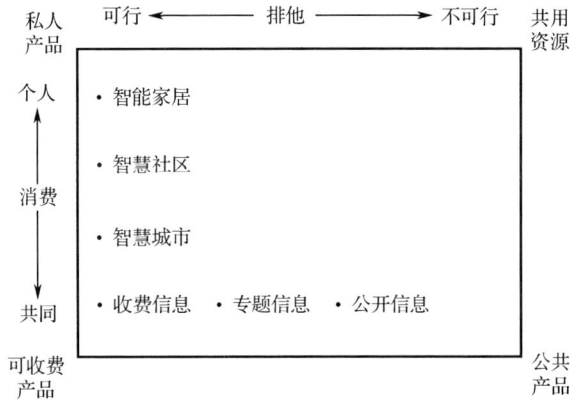

图 3.2　利用竞争性和排他性对智慧城市的产品与服务进行划分

可以说，智慧城市提供的产品和服务大多数落在由私人产品和公共产品构成的连续体内，通常被称为准公共产品。对于准公共产品的供给，在理论上应采取政府和市场共同分担的原则。以上对智慧城市产品和服务的分类结果，确定了政府和社会非政府机构在其中应扮演的角色。

3.2　智慧城市项目的经营属性

3.2.1　可经营性和回报机制

对 PPP 模式的探讨必须在公共部门改革运动的总体背景下进行，以鼓励政府权力下放、公共服务购买、责任分离，以及公共服务私有化为主要特征的新公共管理为 PPP 提供了理论和政策基础。近年来，我国积极推进城市基础设施建设投融资体制和运营机制改革,通过一系列政策文件将 PPP 模式引入国家城镇化建设、民生保障与社会经济可持续的快速发展中[78]。然而,并非所有的城市基础设施都适用 PPP 模式,《国务院关于加强城市基础设施建设的意见》指出,政府应集中财力建设非经营性基础设施项目,要通过特许经营、投资补助、政府购买服务等多种形式,吸引包括民间资本在内的社会资金,参与投资、建设和运营有合理回报或一定投资回收能力的可经营性城市基础设施项目。

经营属性的不同决定了城市基础设施项目的不同投资主体、资金渠道、运作模式、付费机制及权益归属,一般采取的模式有公有公营、公有私营和私有私营模式[79]。根据项目区分理论,公共基础设施项目可分为非经营性项目和经营性项目[80,81]。非经营性项目无资金流入,投资主体由政府承担,按政府投资运作模式进行,资金来源应以政府财政投入为主,并配以固定的税种或费种得以保障,其权益也归政府所有。经营性项目能够产生资金流入,可以采用特许经营、投资补助、政府购买服务等方式引入市场机制,对应的 PPP 项目回报机制有政府付费、使用者付费和可行性缺口补助三种。

(1)政府付费。政府付费即政府直接付费购买公共产品和服务。根据项目类型和风险分配方案的不同,在政府付费机制下,政府通常会依据项目的可用性、使用量和绩效中的一个或多个要素的组合向项目公司付费。

(2)使用者付费。使用者付费是指由最终消费用户直接付费购买公共产品和服务。项目公司直接向使用者收取费用,以回收项目的建设和运营成本并获得合理收益。在此类付费项目中,项目公司一般会承担全部或者大部分的项目成本。

(3)可行性缺口补助。当使用者付费无法使社会资本获取合理收益,甚至无法完全覆盖项目的建设和运营成本的项目时,由政府给予项目公司一定的经济补助,以弥补使用者付费之外的缺口部分。可行性缺口补助是在政府付费机制与使用者付费机制之外的一种折中选择。可行性缺口补助的形式是多种多样的,如投资补助、价格补贴等。此外,政府还可通过无偿划拨土地、提供优惠贷款、贷款贴息、投资入股、放弃项目公司中政府股东的分红权,以及授予项目周边的土地、商业等开发收益权等方式,有效降低项目的建设和运营成本,提高项目公司的整体收益水平,确保项目的商业可行性。

3.2.2 智慧城市项目经营属性

智慧城市的产品和服务具有公共物品性质，属于城市公共资源。这些城市公共资源由城市政府拥有或控制，其存在形态和受益范围限于城市地域空间。那么，作为公共基础设施的智慧城市产品和服务，是否具有可经营性呢？所谓城市经营，是指通过对城市资源的整合、优化和创新，以取得城市资源的增值和城市发展最大化的过程[82,83]。与传统城市公共资源不同，智慧城市的经营客体主要是指城市的数字信息资源，以及由此派生出的、涵盖各类公共服务领域的智慧产品和服务[84,85]。目前，数字信息资源服务存在两种经营模式，即国家相关部门投入的公益性经营模式和产业经营模式（也称企业化经营模式），或者二者的混合模式[86]。智慧城市 PPP 项目具有多元经营主体，专业的 IT 机构或企业和城市信息化主管部门共同参与对智慧城市产品和服务的经营管理。

智慧城市建设是一个复杂的系统工程，按照 IT 架构体系通常被分解为信息基础设施、智慧共用平台、智慧应用系统，以及标准、运维和安全支撑体系等项目。即便一个智慧应用系统，也可分解为多个子项目，如城市智慧交通的建设内容包括交通传感网、车联网、交通信息网、综合交通数据中心、交通监控平台、交通运输平台、交通信息服务平台、ETC 收费系统、拥堵收费、交通诱导收费、交通应急平台等[87]。因此，对于智慧城市 PPP 项目，PPP 项目合同涵盖的范围可能会有很大差异。从回报机制上分析，使用者付费的方式较少，绝大多数采用政府付费、可行性缺口补助或二者相结合的方式。无论何种类型的 PPP 项目合同，收入一定要足够支付项目的运营成本、债务、利息及股本回报。

智慧城市项目的可经营性与其所依附的要素载体属性密切相关。依据智慧城市产品和服务的可经营性程度，典型智慧城市项目的经营属性如表 3.1 所示。

表 3.1　典型智慧城市项目的经营属性

项目属性		投资运营模式	支付机制	典型示例
经营性项目	纯经营性项目	社会资本	使用者付费	智能屏终端
	准经营性项目	政府/社会资本	政府付费	政务云平台
		政府/社会资本	可行性缺口补助	市民一卡通
非经营性项目		政府	—	安监应急系统

3.3　适用 PPP 的智慧城市项目

3.3.1　PPP 模式适用性分析

基于智慧城市产品特点及其经营属性的分析，本书从技术架构（T）、经营属性（O）、产品属性（P）三个维度对智慧城市项目进行分类，简称 TOP 模型，如图 3.3 所示。

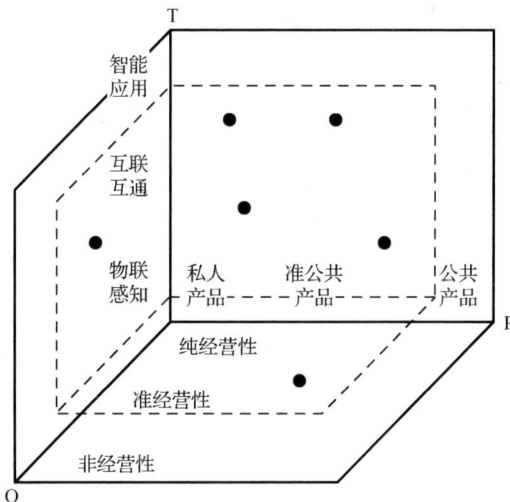

图 3.3　TOP 模型

从技术架构维度看，智慧城市 IT 架构不同层次的项目都需要委托专业的 IT 机构或企业来开发和维护，无收费机制项目只能由政府投资建设，存在用户消费或使用基础的项目可引入社会资本投资。

从产品属性维度看，智慧城市中的私人产品和可收费产品能够由市场提供，具有公共产品属性的智慧城市项目既可由公共部门直接生产，也可通过多种组织形式利用市场资源配置和私营企业的经营与技术优势生产各种准公共产品。

从经营属性维度看，政府应集中财力建设非经营性智慧城市项目，通过特许经营、投资补助、政府购买服务等多种形式，吸引社会资本参与投资、建设和运营有合理回报或一定投资回收能力的可经营性智慧城市项目。

因此，智慧城市适宜采用 PPP 模式的项目主要包括：①信息基础设施，主要包括物联网基础设施、数据中心、便民服务终端网络等；②政务服务公共平台，如城市空间实体可视化服务平台、政务云计算服务平台、物联网应用支撑平台、统一单点登录用户认证平台、政务信息资源数据库体系、社会信息化公共服务平台、电子商务公共服务平台、中小企业信息化公共服务平台等；③智慧应用服务，包括企业网络运营、市民数字生活、政府整合服务系统等。

需要说明的是，智慧城市项目经营属性的界定和区分并非绝对、一成不变的，而是随着收费定价制度、技术进步、市场需求等因素的变化而变化的。对于智慧城市建设中投资规模较大、需求长期稳定、价格调整机制灵活、市场化程度较高的项目，适宜采用 PPP 模式。政府可根据需要通过建立收费机制或创新投融资机制，探索不同的合作模式。

3.3.2 智慧城市 PPP 运作方式

智慧城市所具有的公共物品属性使其可以有选择地走民营化道路[88]。从项目层面来看，智慧城市建设是以设备、系统或网络为基础的，社会资本基于提供设备、系统或网络供政府主管部门、企业和市民使用并收取费用。

目前，国外智慧城市建设普遍采用了 PPP 模式，并已有一些标杆性的范例。例如，西班牙巴塞罗那携手企业共同开发设计了智慧城市标准体系，以收取的专利费维持智慧城市运营；法国伊希莱·莫里诺把智慧城市运行中积累的不涉及隐私的数据租用给企业，政府从中获得智慧城市建设资金，企业进一步挖掘数据的商业价值；釜山通过当地政府与 Cisco 公司和 KT 公司合作，建设基于云基础设施的绿色智慧城市；哥本哈根采用由政府、学术界和业界三方的伙伴合作模式。在我国，各地城市也在探索智慧城市 PPP 模式，如北京市引导多方参与智慧北京建设，鼓励推动大外包机制，采用建设-转让（BT）、建设-运营-转让（BOT）等模式加快信息化发展。

概况来说，智慧城市项目常用的 PPP 模式有建设-运营-转让（BOT）、建设-转让-运营（BOO）、移交-经营-移交（TOT）、转让-建设-转让（TBT）、设计-建设-融资-运营-移交（DBFOT），以及政府购买服务、专营权或者多种形式的组合等。结合我国智慧城市 PPP 项目建设情况，具体的运作模式如表 3.2 所示。

表 3.2 我国智慧城市 PPP 项目的运作模式

项目示例	合肥高新区智慧城市管理运营项目	山东智慧蓬莱建设项目	湖北智慧老河口项目	云南昆明智慧城市一期项目	北京市级政务云项目
合同类型	BOT	BOT+BOO	TOT+BOT	DBFOT	政府购买服务+专营权
政府	合肥高新区建设发展局	蓬莱市政府信息中心	老河口市智慧城市管理服务中心	昆明市工业和信息化委员会	北京市经济和信息化委员会
社会资本	安徽出版集团有限责任公司与北京昊天智城科技发展有限公司联合体	北京易华录信息技术股份有限公司	湖北智慧新城产业开发有限公司与湖北地信科技集团股份有限公司联合体	—	太极计算机股份有限公司与北京金山云网络技术有限公司联合体
建设	社会资本	社会资本	社会资本	社会资本	社会资本
运营	社会资本	社会资本	社会资本	社会资本	社会资本
所有权	建设期间属于社会资本，其后属于公共部门	BOT 模式的同左 BOO 模式的属于社会资本	公共部门	社会资本	社会资本
付费方	公共部门或使用者	公共部门或使用者	公共部门或使用者	公共部门或使用者	公共部门
收费方	社会资本	社会资本	社会资本	社会资本	社会资本

3.4 本章小结

PPP 模式正在变革和创新智慧城市的投融资机制。本章基于公共产品、项目区分、新公共管理和民营化等理论，论证了智慧城市项目应用 PPP 模式的理论可行性，对指导我国智慧城市 PPP 项目实践具有重要的理论参考价值。当前，智慧城市 PPP 项目更多是在实践层面的探索，其他领域 PPP 模式的研究成果为智慧城市 PPP 项目实施提供了理论基础。然而，其他领域 PPP 模式的研究成果也很难直接适用于智慧城市 PPP 项目，这是由于智慧城市兼具软硬件建设，产品和服务种类众多，属性复杂多样。因此，在推进智慧城市 PPP 项目过程中，需要根据智慧城市产品和服务的特点及其经营属性，有针对性地探索其投融资和运作方式。

第 4 章

PPP 模式下智慧城市项目实施现状

在智慧城市领域推广 PPP 模式，已成为政府创新投融资体制、解决建设资金困境的有效方式。在当前政府追求 PPP 项目落地、社会资本积极参与 PPP 项目的热潮中，智慧城市建设在如火如荼地进行中。本章从参与主体、建设内容、合作模式及面临的风险等方面，对我国智慧城市 PPP 项目建设和实施情况进行多维度的分析。

4.1 智慧城市投融资政策环境

PPP 模式在我国已经运作多年，与之相关的法规制度也在不断完善。比较具有代表性的早期政府发文是 2005 年 12 月国务院颁布的《关于鼓励支持和引导个体私营等非公有制经济发展的若干意见》，指出要大力发展和积极引导非公有制经济，允许非公资本进入法律法规未禁入的基础设施、公共事业及其他行业和领域，非公有制企业在投融资、税收、土地使用和对外贸易等方面，与其他企业享有同等待遇。

近几年来，国家积极创新重点领域投融资机制、鼓励社会投资，国务院相关部委和地方政府陆续出台了一系列与 PPP 模式有关的政策法规（详见附录 B）。

《国务院关于创新重点领域投融资机制鼓励社会投资的指导意见》（国发

［2014］60 号）明确提出，在公共服务、资源环境、生态保护、基础设施等领域，积极推广 PPP 模式。财政部、国家发展和改革委员会及相关部门印发了关于推广运用政府和社会资本合作模式的工作通知、指导意见或实施意见，制定了 PPP 模式操作指南、PPP 项目合同指南、物有所值评价指引、财政承受能力论证指引、绩效管理操作指引、信息平台管理、项目库管理、专家库管理等方面的配套制度。各地方政府则结合当地实际，出台了推进 PPP 项目工作的具体意见和管理办法，如北京市人民政府在印发的《引进社会资本推动市政基础设施领域建设试点项目实施方案》（京政发［2013］21 号）中指出，鼓励准经营性领域应用公共私营合作制（PPP）、股权合作等方式，建立投资、补贴与价格的协同机制；北京市人民政府在印发的《关于深化预算管理制度改革的实施意见》（京政发［2015］27 号）中指出，推广政府和社会资本合作（PPP）模式，加快推进市政基础设施和公共服务领域市场化试点，鼓励社会资本通过特许经营等方式参与建设运营；北京市人民政府在印发的《关于在公共服务领域推广政府和社会资本合作模式的实施意见》（京政办发［2015］52 号）中指出，PPP 模式主要适用于公共服务领域内的项目，重点在轨道交通、停车设施、垃圾污水处理、能源、水利、保障性安居工程、医疗、养老、教育、文化、郊区旅游、高速公路等领域推广；中共北京市委、北京市人民政府在印发的《关于全面深化改革提升城市规划建设管理水平的意见》（2016 年 6 月）中指出，鼓励通过政府与社会资本合作（PPP）方式，推进基础设施、市政公用、公共服务等领域的市场化运营。

关于智慧城市建设，国家政策的引导奠定了智慧城市的国家战略地位。住房和城乡建设部、国家测绘地理信息局、工业和信息化部等作为智慧城市建设的主管部门，在出台智慧城市健康发展相关政策法规的同时，也在积极推进智慧城市试点建设（详见附录 C）。

在地方政府层面，许多城市把智慧城市建设作为未来发展的重点，编制了总体规划、行动纲要或实施方案，一些城市专门就智慧城市应用 PPP 模式制定了管理办法。仍以北京市为例，北京市政府在《智慧北京行动纲要》（2012 年 3 月）中要求，加强对"智慧北京"建设资金的统筹，引导多方参与"智慧北京"建设，规范信息化服务市场，推动"大外包"机制，采用建设-转移（BT）、建设-运营-转移（BOT）等模式加快信息化发展。根据《"十三五"时期北京市信息化发展规划（2016—2020 年）》，要以建设新型"智慧北京"为主线，鼓励政务部门和公共事业单位购买社会化专业服务，大力推广政企合作模式，引导社会资源参与信息基础设施、公共服务平台等建设。根据《北京市"十四五"时期智慧城市发展行动纲要》，在智慧城市建设过程中要发挥市场作用，多方并举破解智慧城市资金难题，形成政企联合共建新机制。《大兴区推进新型智慧城市建设行动计划（2018—2020年）》强调引导社会参与，鼓励全社会共同参与智慧城市建设，引导各类机构和企业、园区、高校共同参与，通过以点带面、上下联动、多方参与，形成智慧城市建设全面参与的局面。

通过对PPP模式、智慧城市相关政策法规的解读，可以看出，创新智慧城市投融资机制符合国家发展战略，在智慧城市领域应用PPP模式具有良好的制度基础。

4.2　PPP模式在智慧城市中的应用

4.2.1　智慧城市PPP项目的总体概况

近几年来，PPP模式在智慧城市领域得到了推广应用。截至2020年12月底，全国纳入财政部PPP综合信息平台的入库智慧城市项目（以下简称入库项目）共计87个，累计投资额为5 519 802.81万元，涉及智慧城市互联网大数据中心、管理运营中心、视频信息共享平台等基础设施建设，智慧城管、智慧医疗、智能交通等智慧应用系统建设，以及智慧城市产业园建设等。表4.1列出了11个智慧城市国家级示范PPP项目（完整信息请参考附录D）。

表4.1　智慧城市领域PPP示范项目

序号	项目名称	总投资额/万元	发起时间	项目示范	回报机制	合作期限/年	运作方式	采购方式
1	合肥高新区智慧城市管理运营项目	271000.00	2014/12/15	第二批国家级示范	可行性缺口补助	15	BOT	公开招标
2	湘潭市"新型智慧城市"PPP项目	285678.00	2016/7/6	第三批国家级示范	可行性缺口补助	12	BOT	竞争性磋商

续表

序号	项目名称	总投资额/万元	发起时间	项目示范	回报机制	合作期限/年	运作方式	采购方式
3	福建省泉州市公安智能交通系统工程（一期）PPP项目	13911.82	2016/5/18	第三批国家级示范	政府付费	11	其他	公开招标
4	安徽省淮南智慧城市民生领域建设PPP项目（智慧医疗）	12595.00	2015/7/29	第三批国家级示范	政府付费	10	BOT	竞争性磋商
5	湖北智慧老河口项目	7343.00	2015/2/2	第三批国家级示范	可行性缺口补助	15	TOT+BOT	竞争性磋商
6	山东省济宁市任城区山东智慧城市产业园建设项目	322464.24	2015/4/6	第三批国家级示范/第二批省级示范	政府付费/使用者付费	30	BOO	竞争性磋商
7	湖北省恩施州来凤县互联网大数据中心项目	178080.65	2017/5/5	第四批国家级示范	可行性缺口补助	20	BOT	公开招标
8	新疆维吾尔自治区阿克苏地区数字阿克苏地理空间数据服务平台建设PPP项目	88632.11	2017/2/16	第四批国家级示范	可行性缺口补助	30	BOT	竞争性磋商
9	湖南省湘西州凤凰县智慧城市建设PPP项目	200971.93	2017/1/10	第四批国家级示范	使用者付费	20	其他	公开招标
10	内蒙古阿拉善盟智慧阿拉善（一期）项目	34263.62	2016/10/1	第四批国家级示范/第四批省级示范	政府付费	13	BOT	竞争性磋商
11	山东省威海市乳山市平安城市工程PPP项目	16618.79	2017/1/18	第四批省级示范	可行性缺口补助	16	BOT	竞争性磋商

资料来源：财政部政府和社会资本合作示范项目名单。

入库的智慧城市项目采用 PPP 模式建设，通常由当地政府发起，政府授权智慧城市主管部门，如经信局、住建局、政务服务中心、信息中心等作为项目实施机构，并指定国有企业作为政府出资方与入选社会资本共同成立项目公司，负责项目的投资、建设、运营维护和管理，目前大部分项目已处于执行阶段。

4.2.2　智慧城市 PPP 项目的分布情况

（1）投资规模。在入选财政部 PPP 中心项目库的 87 个智慧城市 PPP 项目中，投资规模在 1 亿～3 亿元之间的最多，有 36 个，占比 41.38%，3 亿～10 亿元的有 25 个，占比 28.74%，投资规模 1 亿元以下和 10 亿元以上的比例相当，各占 14.94%，如图 4.1 所示。

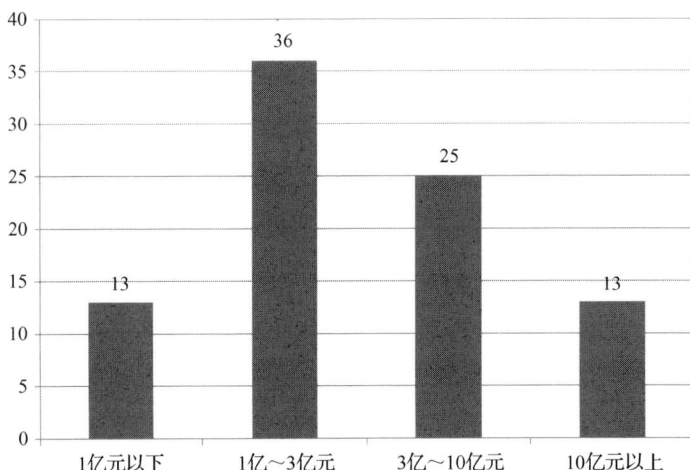

图 4.1　87 个智慧城市 PPP 项目的投资规模情况

（2）地域分布。从入选财政部 PPP 中心项目库的数量来看，山东省最多，有 11 个，河北省有 10 个，湖南省有 9 个，安徽省、新疆维吾尔自治区各 6 个，福建省、湖北省、江苏省、广西壮族自治区均有 5 个，黑龙江省、陕西省均有 4 个，河南省有 3 个，贵州省、江西省、内蒙古自治区均有 2 个，天津市、广东省、浙江省、吉林省、辽宁省、甘肃省、青海省、云南省各有 1 个，如图 4.2 所示。

（3）示范级别。在 87 个智慧城市 PPP 项目中，有 11 个国家级示范项目、9 个省级示范项目，其中山东省济宁市任城区山东智慧城市产业园建设项目、内蒙古阿拉善盟智慧阿拉善（一期）项目既是国家级示范项目，也是省级示范项目，如图 4.3 所示。

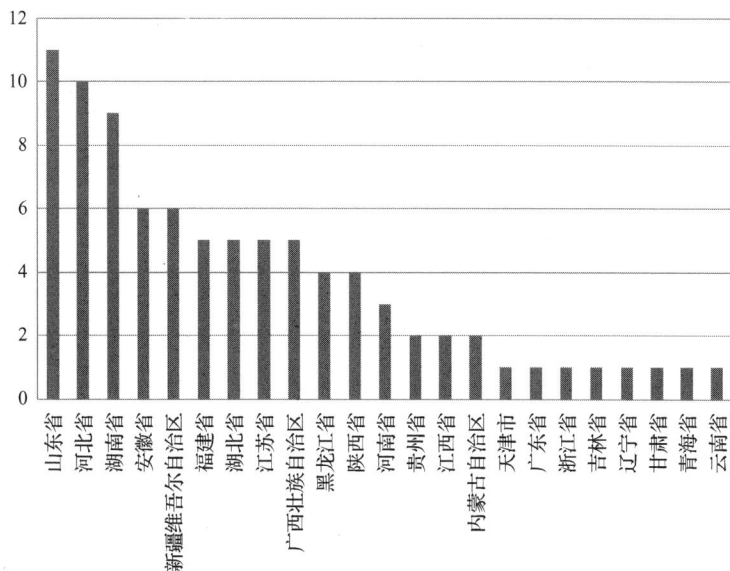

图 4.2　87 个智慧城市 PPP 项目的地域分布情况

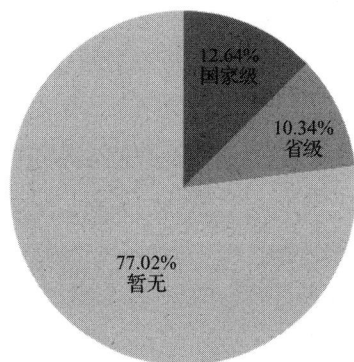

图 4.3　87 个智慧城市 PPP 项目的示范级别分布情况

（4）采购方式。绝大部分智慧城市 PPP 项目采用公开招标的采购方式，占比 71.26%；选用较多的还有竞争性磋商方式，占比 26.44%，此外，也有项目采用邀请招标和单一来源采购的方式，如图 4.4 所示。

（5）运作模式。绝大部分智慧城市 PPP 项目采用 BOT 模式，占比 74.71%，选择 BOO、TOT、TOT+BOT 模式的较少，还有一些其他的运作模式，如图 4.5 所示。

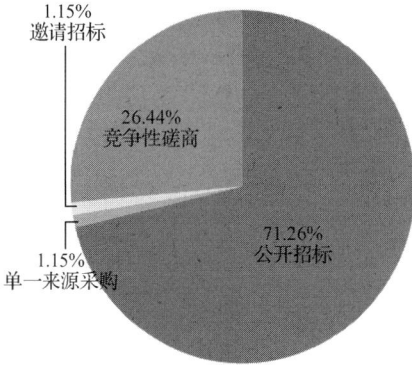

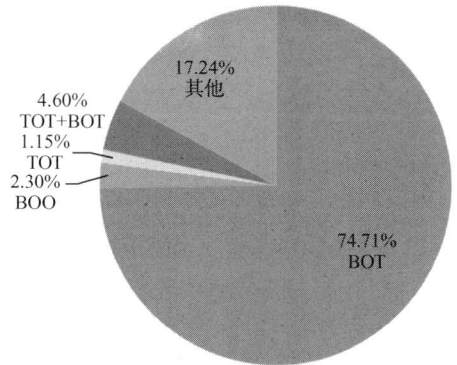

图 4.4 87 个智慧城市 PPP 项目的
采购方式分布情况

图 4.5 87 个智慧城市 PPP 项目的
运作模式分布情况

（6）回报机制。智慧城市 PPP 项目采用最多的回报机制为可行性缺口补助，占 66.67%，其次是政府付费，占 26.44%；采用使用者付费方式的较少，占比 5.75%；还有个别项目采用政府付费+使用者付费方式，如图 4.6 所示。

（7）所处阶段。大部分入库的智慧城市 PPP 项目处于执行阶段，占比 77.01%；处于准备阶段和采购阶段的项目数量相当，分别占 9.20% 和 13.79%，如图 4.7 所示。

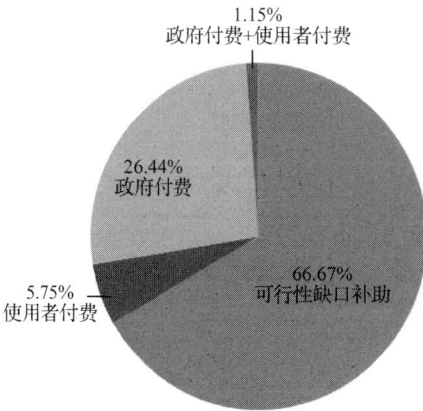

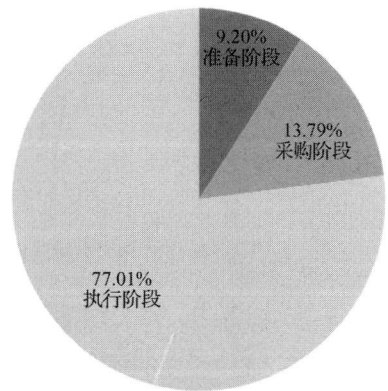

图 4.6 87 个智慧城市 PPP 项目的
回报机制分布情况

图 4.7 87 个智慧城市 PPP 项目的
所处阶段分布情况

4.3　智慧城市 PPP 项目的运作模式

4.3.1　智慧城市 PPP 项目的参与主体

PPP 项目的参与方通常包括政府方、社会资本方和其他参与方（如融资方、承包商、分包商、原料供应商、专业运营商、保险公司与专业机构等）。

（1）政府方。根据 PPP 项目运作模式和社会资本参与程度的不同，政府在 PPP 项目中所承担的具体职责也不同。一方面，政府作为公共事务的管理者，有向公众提供优质且价格合理的公共产品和服务的义务，承担 PPP 项目的规划、采购、管理、监督等行政管理职能，并在行使上述行政管理职能时形成与项目公司（或社会资本）之间的行政法律关系；另一方面，政府作为公共产品或服务的购买者（或购买者的代理人），基于 PPP 项目合同形成与项目公司（或社会资本）之间的平等民事主体关系，按照 PPP 项目合同的约定行使权利、履行义务。政府或政府授权机构作为 PPP 项目合同的一方签约主体时，称为政府方。

对于智慧城市 PPP 项目，代表政府方的实施机构因地方政府机构设置而不同，主要有以下几种情况：①智慧城市由地方政府的工业和信息化部门或电子政务主管单位牵头，从本市国民经济和社会发展信息化的角度规划建设智慧城市；②住房和城乡建设部门也是智慧城市 PPP 项目的实施主体，如前所述，我国三批国家智慧城市试点正是由住房和城乡建设部、科技部组织开展的，各地方政府的住房和城乡建设部门主要从城乡发展、城市建设和市政公用事业的角度建设智慧城市；③智慧城市建设内容涵盖了城市运营管理的各个系统，能源、交通运输、水利、环境保护、农业、林业、科技、保障性安居工程、医疗、卫生、养老、教育、文化等相关委办局均可能作为智慧城市 PPP 项目的实施机构；④有些地方专门设立了智慧城市管理服务中心，作为智慧城市 PPP 项目的实施机构。

（2）社会资本方。社会资本方是指与政府方签署 PPP 项目合同的社会资本或项目公司，它们是依法设立且有效存续的具有法人资格的企业。当前阶段，在国家政策的引导下，各种社会资本都在积极探索参与 PPP 项目之路，不仅包含国有企业、外资企业，还吸引了很多民营资本。银行、保险企业、信托机构、资产管理机构等金融机构，许多有建设资质和行业运营资质的企业，以及具有资金实力和融资能力的企业都在积极参与 PPP 项目。

在智慧城市 PPP 项目实践中，社会资本通常不会直接作为 PPP 项目的实施主体，而会专门针对该项目成立项目公司，作为 PPP 项目合同及项目其他相关合同的签约主体，负责 PPP 项目的具体实施。项目公司可以由社会资本出资设立，也可以由政府和社会资本共同出资设立。我国智慧城市 PPP 项目大都成立了项目公司或特殊项目公司（SPV），分别承担智慧城市建设、运营和管理过程中的各项工作。

（3）其他参与方。除上述参与主体之外，开展智慧城市 PPP 项目还必须充分借助投融资、专业运营商、监管服务商，以及法律、技术、财务、保险代理等方面的专业技术力量，因此 PPP 项目的其他参与方通常还可能会包括上述领域的专业机构。

4.3.2 智慧城市 PPP 项目的建设内容

PPP 模式主要适用于政府负有提供责任又适宜市场化运作的公共服务、基础设施类项目。燃气、供电、供水、供热、污水及垃圾处理等市政设施，公路、铁路、机场、城市轨道交通等交通设施，医疗、旅游、教育培训、健康养老等公共服务项目，以及水利、资源环境和生态保护等项目均可采用 PPP 模式。与传统基础设施不同，智慧城市项目本质上是信息化项目，其特点是，它建立在城市基础设施要素之上，并依附于以上要素而存在。根据公共产品理论、项目区分理论，并不是所有的智慧城市项目都可以采用 PPP 模式。从现有的研究和实践来看，智慧城市 PPP 项目的建设内容主要涉及信息基础设施、智慧共用平台、智慧应用体系等，并且更多的是同时涵盖以上各个方面。

（1）信息基础设施。物联网、云计算、地理空间等新一代信息基础设施为智慧城市应用提供了基石，具体包括高速泛在的公共信息网络、各类传感终端、政务物联数据专网、无线宽带专网、云计算数据中心，以及便民服务终端网络等。

通过分析可知，我国智慧城市 PPP 项目通常在前期阶段包含基础设施建设，如数据中心的机房、软硬件系统、基础系统和核心系统，在此基础上实现基于互联网的智慧应用项目叠加，包括城市停车管理、城市照明、智慧管网、智慧水务等基础设施体系建设。

（2）智慧共用平台。智慧共用平台旨在实现城市不同部门异构系统间的资源共享和业务协同，主要包括城市空间实体可视化服务平台、政务云计算服务平台、物联网应用支撑平台、统一单点登录用户认证平台、政务信息资源数据库，以及社会信息化公共服务平台等。

公共信息平台是智慧城市 PPP 项目共有的建设内容，不同项目采用不同的形式，如政府公共服务平台、移动市民服务平台、智慧城市运营中心、公有云数据中心、信息安全中心等。

（3）智慧应用体系。智慧城市通过新一代信息技术，以及维基、社交网络、Fab Lab、Living Lab、综合集成法、网动全媒体融合通信终端等工具和方法的应用，实现全面透彻的感知、宽带泛在的互联、智能融合的应用。

智慧应用体系是智慧城市 PPP 项目建设内容中最为主体的部分。有的项目专注于某个专题领域的智慧应用，更多的智慧城市 PPP 项目面向政府、市民和企业提供全面的智慧应用，涵盖智慧城管、智慧政务、智慧医疗、智慧教育、智慧旅游、智慧交通、智慧物流、智慧安全生产、智慧节能环保等。

4.3.3　智慧城市 PPP 项目的运作模式

智慧城市的产品和服务涵盖面广、种类繁多、关联复杂、属性多样。项目的经营属性决定了项目的投资主体、运作模式、资金渠道及权益归属，所以智慧城市 PPP 项目运作更为复杂。虽然世界各国在探索实践政府和社会资本合作的过程中，衍生出许多 PPP 模式，但目前智慧城市建设主要采用四种模式：政府投资运营企业参与建设；政府与企业合资建设与管理；政府统筹规划，企业投资建设；企业建设运营，政府、公众购买服务。具体的运作模式有 BOT、BOO、TBT、DBFOT 等。

（1）BOT 和 BOO。BOT 和 BOO 是智慧城市 PPP 示范项目采用最广泛的运作模式。例如，浙江省台州市温岭市智慧城市一期 PPP 项目采取 BOT 运作模式，项目公司拥有特许经营权，负责投资、建设和运营，一类基础设施工程采用可行性缺口补助机制，二类智慧应用工程采用用户付费机制。福建省泉州市公安智能交通系统工程（一期）PPP 项目采用 BOT 运作模式，主要包括新建项目的投资设计建设维护、已建项目的维护、新建和已建项目运营服务，提供运营服务 10 年后进行项目移交，项目为非经营性项目，回报机制为政府付费机制。山东省济宁市任城区山东智慧城市产业园建设项目采用 BOO 运作模式投资建设运营智慧城市项目，建成后项目公司拥有项目所有权并向济宁市政府和任城区政府提供智慧城市服务，政府方依据可用性及绩效考核情况向项目公司付费。

（2）TOT 和 TBT。TBT 运作模式就是将 TOT 运作模式与 BOT 运作模式组合起来，以 BOT 为主的一种运作模式。在 TBT 运作模式中，TOT 运作模式的实施是辅助性的，采用它主要是为了促成 BOT 运作模式。例如，湖北省智慧老河口项目采用 TOT+BOT 运作模式，投资总额为 2 亿元，建设覆盖老河口市的综合信息平台和服务体系；建设一个专业队伍、政策标准体系、数据中心和运营指挥中心等；围绕老河口政务信息化建设，完善老河口智慧应用系统，整合城市视频监控网络、数据建设、政务协同平台等。

（3）其他。其他 PPP 运作模式还有 BOOT、BTO、BLT、DBFOT 等，目前在智慧城市项目中应用不多。其中，设计-建设-融资-运营-移交（DBFOT）运作模式是指从项目的设计开始就特许给某一机构进行，直到项目经营期收回投资和取得投资效益，此后移交给政府。云南省昆明市智慧城市（一期）PPP 项目采用的是 DBFOT，由项目公司负责合作期内项目的设计、投资、融资、建设、运营维护，直至合作期满移交。该项目的回报机制为可行性缺口补助机制，项目经营收入不足以覆盖项目建设期的投资及运营期的成本、费用及合理收益的差额部分，由政府通过可行性缺口补助的形式向项目公司支付。

4.4 智慧城市 PPP 项目的风险因素

4.4.1 智慧城市 PPP 项目面临的潜在风险

从我国 PPP 项目的实际运行来看，只有大约 65% 的 PPP 项目成功签约落地并付诸实施。财政部在 2019 年 3 月印发《关于推进政府和社会资本合作规范发展的实施意见》后，对各地进一步加强了入库审核和规范管理。随着 PPP 项目库的管理更加规范化，我国陆续对未按规定开展物有所值评价或财政承受能力论证，不宜继续采用 PPP 模式实施，不符合规范运作要求，构成违法违规举债担保，未按规定进行信息公开等情况的入库 PPP 项目进行了清理。除第一种情况外，因其他情况被清退的项目是通过前期论证的，在一定程度上说明了原本的物有所值评价并不充分或结果不成立。这恰恰也是当前 PPP 项目物有所值评价中亟待解决的问题，由于实践中缺乏充足的数据积累，难以形成成熟的计量模型，物有所值评价目前仍处于探索阶段。因此，在 PPP 项目建设的热潮中，建立科学的物有所值评价体系，对于规范 PPP 项目后续实施、保障 PPP 项目规范运行具有非常重要的作用。

4.4.2　智慧城市 PPP 项目的风险分解结构

风险分解结构（Risk Breakdown Structure，RBS）是一种描述风险来源的层级结构，可以使项目的风险描述逐渐细化。在最高层，所有的项目风险通称为 PPP 风险，进一步分解为第二层的环境风险（宏观层面）、与项目自身相关的风险（中观层面）和与项目合作方相关的风险（微观层面），如图 4.8 所示。

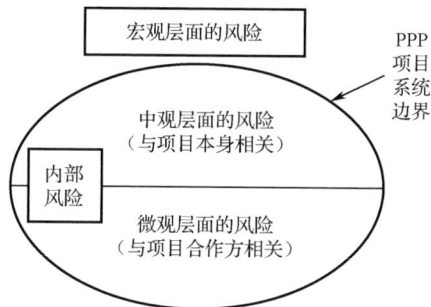

图 4.8　PPP 项目风险层级分类关系

环境风险带有普遍性，对于市场中的所有 PPP 项目均有影响。环境风险贯穿于 PPP 项目的各个阶段，PPP 项目在立项、投融资、建设、生产运营直到移交的全过程都可能受到环境风险的影响。环境风险可以继续细化为政治/政策风险、法律风险、宏观经济风险、社会因素风险和自然因素风险等。与项目相关的风险是指，在 PPP 项目实施和营运过程中出现的与项目本身相联系的各种潜在风险，可以细化为项目选择风险、项目融资风险、项目设计风险、项目建设风险、项目运营维护风险、项目移交风险和多阶段风险。多阶段风险是指可能在不止一个项目阶段发生的风险。与项目合作方相关的风险是指相关利益主体在合作过程中产生的风险，主要是项目合作关系风险。

4.4.3 智慧城市 PPP 项目的关键风险因素

根据风险分解结构，我们可以把"智慧北京"PPP 项目风险因素打包为十二类并描述成一个三层的层次结构。本书据此设计了一个包含 80 个风险因素的智慧城市 PPP 项目风险因素调查问卷，面向政府部门、科研院所、企业和其他单位等 PPP 项目主体进行调研。

本次调研共收回 110 份问卷，剔除其他行业问卷，对 51 份承担或参与智慧城市 PPP 项目的调查对象所提供的问卷进行排序分析，计算各风险选项的平均综合得分。平均综合得分反映了风险因素的综合排名情况，得分越高表示综合排序越靠前，即该风险因素对智慧城市 PPP 项目成功与否的影响程度越高。计算方法为：

$$风险因素的平均综合得分 = [\Sigma（频数 \times 权值）] / 本题填写人次$$

根据 Pareto 原则，20% 的关键风险因素产生 80% 的项目风险事件。PPP 项目的风险水平通常可以认为是由关键风险因素（CSF）决定的。"智慧北京"PPP 项目排名前 20 的风险因素如表 4.2 所示。

表 4.2 "智慧北京"PPP 项目排名前 20 的风险因素

序号	风险因素	平均综合得分	序号	风险因素	平均综合得分
1	建设和监理单位选择不当	10.86	2	配套基础设施不到位	10.67
3	项目建设及监理招标不合法	10.63	4	项目建设相关审批延误	10.61
5	不满足建设标准和要求	10.59	6	质量不合格	10
7	建设成本超支	9.53	8	技术风险	8.53
9	系统迁移或连接风险	8.43	10	工期和进度延误	8.24
11	承包商或分包商违约	7.57	12	项目运营审批手续延误	7.47

序号	风险因素	平均综合得分	序号	风险因素	平均综合得分
13	运营维护成本过高	7.41	14	运营效率低下	7.16
15	信息安全风险	6.65	16	运营能力不足	6.61
17	设施设备供应不足	6.37	18	项目不具有唯一性	6.22
19	政府过度干预项目建设	6.18	20	运营量和需求不足	6

上述的风险因素被认为是在当前政治、经济、文化和法律背景下，影响"智慧北京"PPP 项目成功与否的关键风险因子，它们对项目的总体风险水平具有重要影响。

4.5　本章小结

成功的 PPP 项目管理需要以一个系统性的、有组织的方式来实施。本章在分析智慧城市 PPP 项目投融资环境的基础上，对 PPP 模式在智慧城市中的应用情况进行了分析，从不同层面对智慧城市 PPP 项目面临的风险因素进行了识别。由分析可知，在智慧城市领域推广应用 PPP 模式具有良好的制度环境，越来越多的智慧城市 PPP 项目进入了执行阶段，体现出了参与主体多元化、建设内容丰富化、合作模式多样化的特点，同时在项目实施过程中也面临着各种潜在风险。

风险管理篇

　　"斯事可为，然难测其患"，说的就是风险。智慧城市 PPP 项目所处环境的动态性决定了风险会不可避免地存在于项目全生命周期，风险识别、风险评价和风险分担贯穿于整个 PPP 项目过程。本篇对智慧城市 PPP 项目实施过程中风险进行系统识别、科学评估和合理分担，研究构建智慧城市 PPP 项目的全面风险管理体系。

第 **5** 章

智慧城市PPP项目风险形成机理研究

对智慧城市 PPP 项目风险的有效管理，需要对其风险形成的过程及机理进行科学揭示。本章以系统理论为指导，应用系统动力学方法，从结构-行为视角构建智慧城市 PPP 项目风险管理的系统动力学模型，结合智慧城市 PPP 项目典型案例进行仿真模拟，揭示 PPP 项目风险形成的内在机理。

5.1 系统动力学及其应用

系统动力学（System Dynamics）又称为系统动态学，是美国麻省理工学院（MIT）的福瑞斯特（Jay W. Forrester）教授于 1956 年所提出的一种计算机仿真模型。历经了 60 多年的发展，系统动力学已逐渐成为一门体系完备的学科。准确地说，系统动力学是一门分析研究信息反馈系统的学科，也是一门认识系统问题与解决系统问题的综合性交叉学科[89]。

作为系统科学的一个分支，系统动力学基于结构-行为分析，为我们提供了一种研究复杂信息反馈系统的方法，即从简单的、线性的、由因到果的因果关系观点转变为复杂的、非线性的反馈因果关系观点，从静态的观点转变为强调动态变化过程的观点，从以外生为主的观点转变为以内生为主的观点等[90-92]。

系统动力学研究问题的基本过程大体可分为五个步骤：首先用系统动力学的理论、原理和方法对研究对象进行系统分析；其次进行系统的结构分析，划分系统层次与子模块，确定总体的与局部的反馈机制；第三步是建立数学的、规范的模型；第四步是以系统动力学理论为指导，借助模型进行模拟与政策分析，可进一步剖析系统以得到更多的信息，发现新的问题后反过来再修改模型；第五步是检验评估模型。

系统动力学应用广泛，最初主要应用于工业领域。20 世纪 70 年代初期，《世界动态学》（*World Dynamics*）和《增长的限制》（*The Limits to Growth*）的出版，把系统动力学的思维和方法应用于探讨世界性的议题，受到全球的瞩目。项目管理是系统动力学应用的一个重要领域。Alexandre Rodrigues 指出，项目要素之间的相互关系比传统工作分解结构设想更为复杂，系统动力学方法专注于整个项目，强调导致非预期超时运行或成本超支的关联关系，它能够为项目管理提供有价值的策略，应该被看成具体运营支持的补充[93]。李存斌、陆龚曙认为通过建立系统动力学模型，可以模拟分析因风险发生导致工程项目内部一系列要素发生改变而最终影响项目目标的过程[94]。一些学者研究建立了项目管理系统动力学模型，如冯磊、周晶运用系统动力学方法来分析 Partnering 模式下的工程项目绩效问题[95]；王宇静构建了包括返工循环、控制反馈回路、波及效应和撞击效应四种主要结构的项目管理系统动力学模型[96]；翟丽、宋学明、辛燕飞将系统动力学和传统项目管理中以网络计划技术为基础的项目估计技术结合起来，建立了一个描述软件开发项目过程的模型[97]；姚张峰、许叶林、龚是滔建立了垃圾焚烧发电项目（PPP 项目）垃圾处理费的定价模型，并采用实际案例对模型的合理性进行了验证[98]；孙春玲、任菲、张梦晓针对天然气项目成本与收入构成框架，构建了天然气 PPP 项目收益系统动力学模型[99]；薛朝改、周金库从政府、社会公众、社会资本三个角度，引入了系统动力学方法分析影响 PPP 项目绩效的主要因素，并设计 4 种方案进行仿真模拟[100]。

系统动力学为研究复杂反馈系统提供了方法。PPP 项目的风险形成具有复杂性、动态性和多重反馈性特点，系统动力学在思路、应用对象与范围、条件要求等诸方面均可满足研究需要。

5.2　智慧城市 PPP 项目的系统分析

5.2.1　系统边界

智慧城市 PPP 项目集知识、技术和资本为一体，针对具体城市的开发和建设，用户高度介入，属于典型的复杂产品系统[101]。风险问题贯穿于智慧城市 PPP 项目的各个阶段，除具有一般风险的客观性、隐蔽性、复杂性特征外，智慧城市 PPP 项目风险还表现出其内在的关联性、高度不确定性、动态性和多重反馈性等特征。一个典型的表现是，风险影响是由风险源在特定的风险事件发生后所带来的后果，任何一个环节的缺失或变化都会影响最终的结果，这就好像机械传动装置的工作一样，也遵行系统动力学原理，表现为传递、联动的特征。

基于智慧城市 PPP 项目风险因素的来源，与智慧城市 PPP 项目相关的风险事件，以及它们的后果都发生和作用于系统边界内，而政治、法律、市场等宏观风险被视为影响项目的环境变量，暂不考虑自然灾害等不可抗力因素。

5.2.2　系统结构

从系统的观点看，所谓系统结构是指单元的秩序，它包含两层意思，首先是指组成系统的各单元，其次是指各单元间的作用与关系。系统结构标志着系统构成的特征。任何层次上的系统，都是一个服从耗散结构理论的、非线性的、开放的动态系统，其动态行为一方面受制于环境的非平衡性约束，另一方面更主要取决于系统内非线性因素的相互作用。

根据系统的整体性与层次性，系统可被划分成若干个相互关联的子系统（或子结构）。智慧城市 PPP 项目是由多个相互关联的子系统组成的，其层次结构如图 5.1 所示。

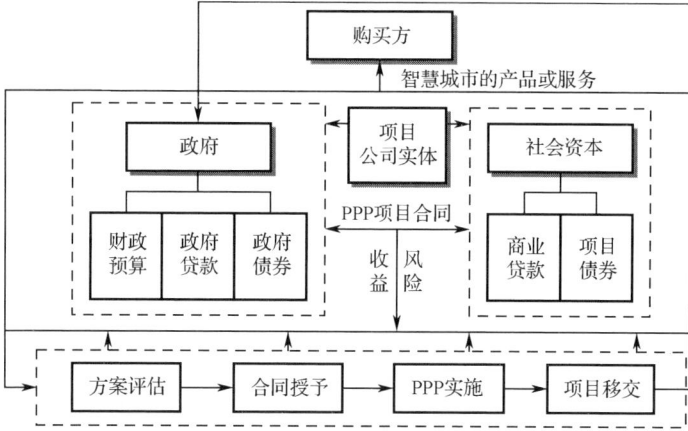

图 5.1　智慧城市 PPP 项目的层次结构

　　政府作为公共事务的管理者，负有向公众提供优质且价格合理的公共产品和服务的义务，承担 PPP 项目的规划、采购、管理、监督等行政管理职能，并在行使上述行政管理职能时形成与项目公司之间的行政法律关系；作为公共产品或服务的购买者，政府基于 PPP 项目合同形成与项目公司之间的平等民事主体关系，按照 PPP 项目合同的约定行使权利、履行义务。社会资本是指与政府方签署 PPP 项目合同的社会资本或项目公司。在 PPP 项目实践中，社会资本通常不会直接作为 PPP 项目的实施主体，而会专门针对 PPP 项目成立项目公司，作为 PPP 项目合同及项目其他相关合同的签约主体，负责 PPP 项目的具体实施。项目公司可以由社会资本出资设立，也可以由政府和社会资本共同出资设立。其他 PPP 项目参与方主要包括融资方、承包商、分包商、专业运营商、产品或服务购买方、保险公司，以及投资、法律、技术、财务、保险代理等领域的专业机构。各参与方根据 PPP 项目合同来确立和调整彼此之间的权利及义务关系，合理共担风险、共享收益，并通过彼此之间的相互作用共同推进整个 PPP 项目的实施。在这一过程中，PPP 项目体现出许多系统动力学的特征，例如，PPP 项目风险和现金流在方案评估、合同授予、PPP 实施和项目移交等不同阶段中存在不同的表现形式。

5.2.3　因果关系与反馈关系

　　系统动力学通过因果关系的反馈结构反映系统运行的复杂特征。所谓反馈，是指系统输出与来自外部环境的输入的关系。换言之，系统会受其本身历史行为的影响，并把历史行为的结果反馈给系统本身，从而影响系统未来的行为。反馈可以从单元、子模块或系统的输出直接连接到其相应的输入，也可以经由媒介——其他单元、子模块或系统实现。

PPP 项目运作的基本逻辑是：通过物有所值评价和财政承受能力论证并立项后，由社会资本出资或政府和社会资本共同出资设立项目公司，完成融资交割以及相关审批手续后正式开始实施项目，通常包括建设、运营和移交等阶段。在这一过程中，PPP 项目各环节、各要素之间存在着一定的因果关系，每一个因素的变化都可能受到其他因素的影响，同时可能引起另外一些因素的改变，并形成许多反馈回路。

通过前文对智慧城市 PPP 项目风险因素的识别分析可知，智慧城市 PPP 项目的风险因素是复杂多样的，并且这些风险之间存在着相互关联，有些风险是起因，会导致后续一系列的风险[102]。智慧城市 PPP 项目各个风险因素之间存在着一定的因果关系，每一个因素的变化都可能受到其他因素的影响，并可能引起其他因素的改变。掌握智慧城市 PPP 项目各个风险之间的关系，有助于项目管理者从源头上控制起始风险，遏制风险的扩张和发散，保障项目的顺利建设和运营。

5.3　智慧城市 PPP 项目的系统动力学建模

基于对智慧城市 PPP 项目的系统分析，本节将 PPP 项目系统划分为政府、社会资本、使用者和风险管理四个模块，运用 VENSIM PLE 软件进行建模。

5.3.1　政府模块

从系统动力学建模的角度出发，本节仅考虑作为公共产品或服务购买者的政府角色。在智慧城市 PPP 项目立项前，需要识别、测算各项财政支出责任，将通过论证的项目纳入财政预算。政府承担的 PPP 项目全生命周期财政支出责任，主要包括股权支出、运营补贴、风险分担、配套支出等。股权支出由项目资本金和政府出资比例决定，并且在正式实施项目前完成出资和融资交割。运营补贴根据项目建设成本、运营成本及利润水平合理确定，并与付费模式相关。风险分担按照项目的全部建设成本和一定时期内的运营成本的一定比例计算。配套支出按政府拟提供的其他投入总成本扣除社会资本支付的费用计算。如果PPP项目实施过程中政府预算不足，假设可以视情况追加预算。政府模块的系统动力学（SD）流图如图5.2所示。

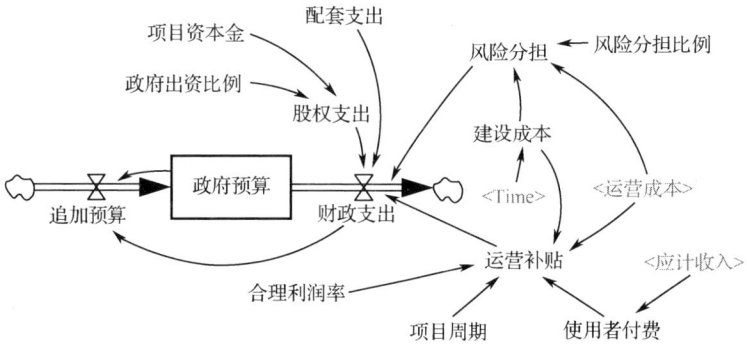

图 5.2　政府模块的 SD 流图

5.3.2　社会资本模块

　　智慧城市 PPP 项目进入实施阶段后，社会资本按照 PPP 项目合同约定的要求和时间完成项目的建设并开始运营。PPP 项目开始运营意味着可以提供公共产品或服务，提供公共产品或服务的数量主要取决于用户需求以及产品研发能力或服务提供能力，用户需求既包括新增用户需求，也包括重置需求，而研发能力与项目的投资建设规模和产品寿命期密切相关。社会资本模块的 SD 流图如图 5.3 所示。

5.3.3　使用者模块

　　满足社会公众需求是发起智慧城市 PPP 项目的初衷。对于项目公司而言，所有的用户都可分为三种状态，即潜在用户、待交付用户和最终用户。潜在用户通过签单委托转化为待交付用户，给项目公司带来产品研发任务，假设继续保持客户关系则还会有产品的重置需求。产品交付完成后，待交付用户转化为最终消费者，PPP 项目公司从中获得运营收入。使用者模块的 SD 流图如图 5.4 所示。

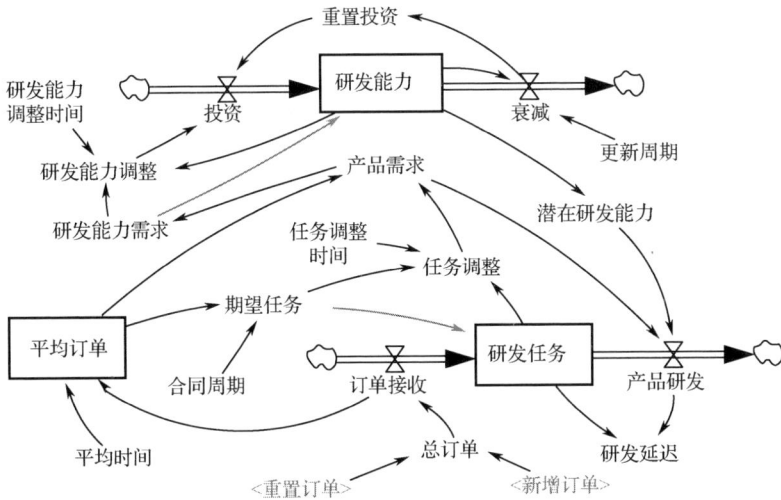

图 5.3　社会资本模块的 SD 流图

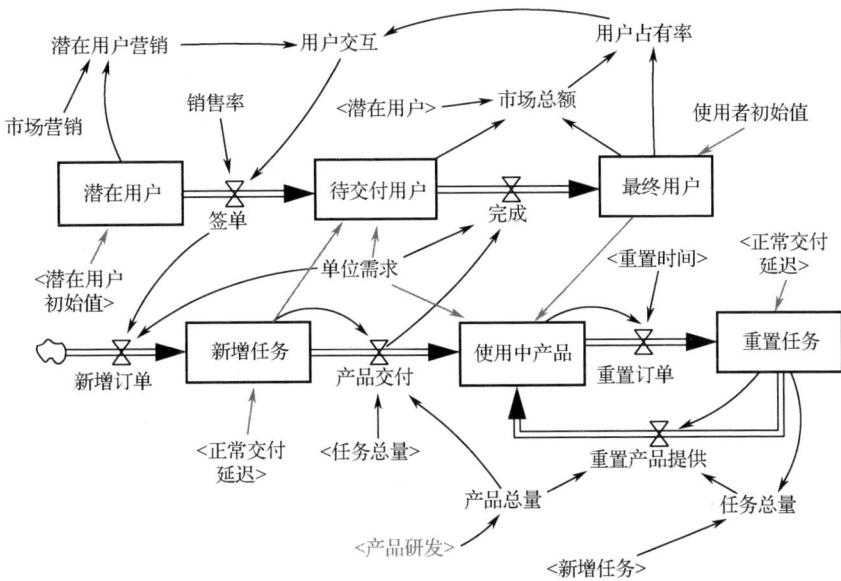

图 5.4　使用者模块的 SD 流图

63

5.3.4 风险管理模块

在 PPP 项目的融资、建设和运营活动中，时刻伴随着资金的增减运动，最终都反映在项目的账面价值、负债、应收账款、收入、成本、利润及现金流量等财务指标中。因此，上述政府、社会资本和消费者三个模块都可关联到项目的风险管理模块，其 SD 流图如图 5.5 所示。

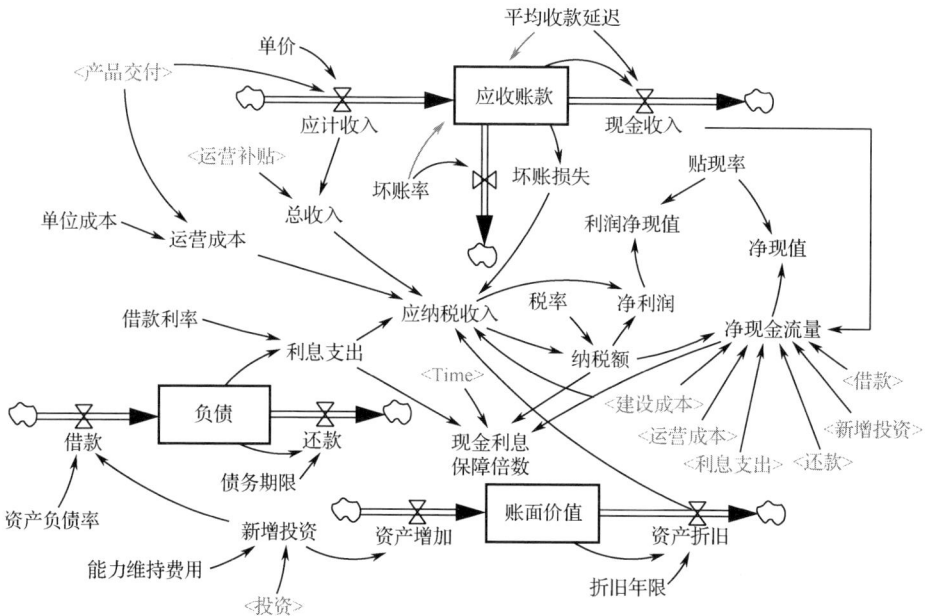

图 5.5　风险管理模块的 SD 流图

5.4　仿真模拟——以北京市大数据研究平台 PPP 项目为例

前文构建的 PPP 项目系统动力学模型对于 PPP 项目管理具有普遍适用性。本节选择财政部 PPP 项目库中的北京市大数据研究平台 PPP 项目作为案例，进行仿真模拟和政策分析。北京市大数据研究平台 PPP 项目北京市是政府和社会资本的合作项目，主要用于开展大数据基础研究和技术开发并进行成果转化，为政府和专业机构提供数据技术研发服务，搭建大数据产业协同创新平台。中关村科技园区管理委员会代表北京市政府方于 2017 年 4 月采用单一来源采购方式进行项目采购，于 2017 年 6 月成交，总成交金额为 7500 万元，成交供应商为北京大数据研究院。该项目运作方式为建设–运营–拥有（BOO），现处在项目执行阶段。

5.4.1　参数与初始值

（1）时间参数。该项目合作期为 10 年，其中建设期为 3 年，运营期为 7 年。对于 PPP 项目产出绩效指标的监测，一般需要编制季报和年报。因此，本模型的时间参数设置为 10 年，时间间隔设置为 0.25 年。

（2）常数和初始值。根据我国 PPP 项目合同指南的规定，政府在项目公司中的持股比例应当低于 50%，因此，本模型中的政府出资比例的取值范围为 0～49%。

在各类风险支出数额和概率难以进行准确测算的情况下，政府的风险承担可采用比例法确定。本章 PPP 项目案例的风险分担比例为 1.75%。

年度折现率应考虑财政补贴支出发生年份，并参照同期地方政府债券收益率来合理确定。本章的 PPP 项目案例为科技类项目，与地方政府债券投向的地方性公共设施领域有所区别，因此选取 10 年期国债收益率 2.74% 作为折现率。

合理利润率应以商业银行中长期贷款利率水平为基准，充分考虑可用性付费、使用量付费、绩效付费的不同情景，结合风险等因素确定。本章的 PPP 项目案例取值为 12%。

其他参数按照现行正常水平确定，如贷款利率为 4.75%，税率为 25%。

水平变量初始值依据 PPP 项目期初状态设置，如潜在用户初始值取自项目所在地的法人单位数，本章的 PPP 项目设置为 704629 个，账面价值初始值和负债初始值取值为 0 万元。

具体的参数和初始值设置如表 5.1 所示。

表 5.1　具体的参数和初始值

参　　数	取　　值	参　　数	取　　值
时间参数（Time）	10 年	单位收费	10
时间间隔（DT）	0.25 年	单位成本	8
政府出资比例	0～49%	潜在用户初始值	704629 个
风险分担比例	1.75%	最终用户初始值	10000
年折现率	2.74%	账面价值初始值	0 万元
合理利润率	12%	负债初始值	0 万元

5.4.2　模型主要方程

上文所述的 PPP 项目系统动力学模型共包含 105 个变量，其中，水平变量（Level）有 13 个，速率变量（Rate）有 19 个，其余为常数（Constant）和辅助变量（Auxiliary），分别对应状态变量方程、速率变量方程和辅助变量方程。下面给出模型的主要方程示例：

状态变量方程：待交付用户=INTEG（签单-完成，新增任务/单位需求），单位为个。

状态变量方程：使用中产品=INTEG（产品交付+重置产品提供-重置订单，最终用户×单位需求），单位为套。

速率变量方程：财政支出=风险责任支出+股权支出+配套支出+运营补贴，单位为万元/年。

速率变量方程：产品交付=产品总量×新增任务/任务总量，单位为套/年。

辅助变量方程：风险责任支出=（建设成本+运营成本）×风险承担比例/项目周期，单位为万元/年。

辅助变量方程：建设成本=IF THEN ELSE(Time≤3, 200, 0)，单位为万元/年。

辅助变量方程：净现金流量=现金收入+借款-新增投资-建设成本-运营成本-利息支出-还款-纳税额（单位：万元/年）。

辅助变量方程：利息现金保障倍数=IF THEN ELSE［Time>=1,（净现金流量+利息支出+纳税额）/利息支出,0］无量纲。

5.4.3　动态模拟分析

从系统动力学分析的角度看，任何问题最好使用随时间变化的变量图表示，使用随时间变化的图形去描述问题的过程即动态思考。通过改变参数值可以设计不同的方案，并对政府模块、社会资本模块、使用者模块，以及完整模型中的变量进行模拟仿真和政策分析，为 PPP 项目风险管理提供参考的行为模式。本节以北京市大数据研究平台 PPP 项目为例，分别模拟其净现金流量、净现值和现金利息保障倍数的变化模式，并对结果进行分析。

（1）净现金流量和净现值。净现金流量可以动态反映项目全生命周期内的现金流入和现金流出的情况，常用于分析项目公司的实际支付能力、偿债能力和资金周转等情况。净现值可以反映项目的投资获利能力。净现金流量和净现值的模拟结果如图 5.6 所示。

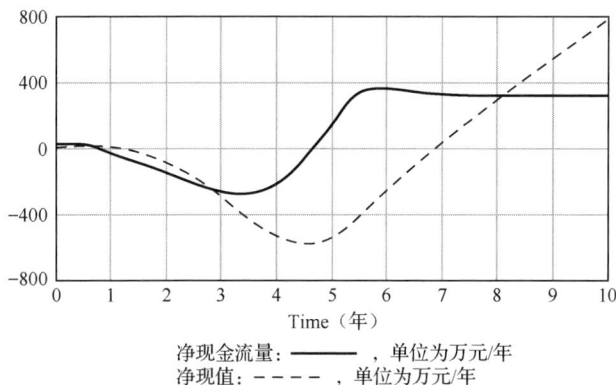

净现金流量：————————，单位为万元/年
净现值：— — — — —，单位为万元/年

图 5.6　净现金流量和净现值的模拟结果

图 5.6 所示的模拟结果表明，该 PPP 项目净现金流量在建设期的值小于 0，随着建设成本的增加而下降；进入运营期后，净现金流量转为增长趋势，在大约 4.5 年后开始大于 0；随后，净现金流量达到约 320 万元，并逐渐趋于平稳状态。模拟结果表明，该 PPP 项目在开发、建设和运营三个阶段中的净现值体现

出不同的行为模式：建设阶段的净现值小于0，并且呈下降趋势；在接近第7年时，净现值开始大于0，代表了该PPP项目的动态投资回收期；随着PPP项目继续运营，净现值逐渐增加。

（2）现金利息保障倍数。现金利息保障倍数可以反映一定时期经营活动所取得的现金是现金利息支出的多少倍，更明确地表明了通过经营活动所取得的现金偿付债务利息的能力。系统动力学模型中影响PPP项目风险的事件和变量众多，本书选择影响项目运营绩效的关键变量——单位收费，假设"基本""不利""最坏"三种情景对现金利息保障倍数进行模拟。现金利息保障倍数的模拟结果如图5.7所示。

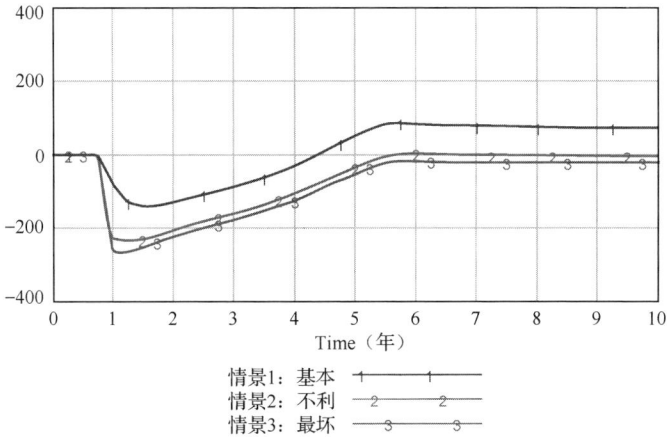

图 5.7　现金利息保障倍数模拟图

图5.7所示的模拟结果表明，现金利息保障倍数在项目建设期为负，这是由于项目未开始运营，息税前利润小于零；进入运营期后，现金利息保障倍数开始增长并趋于稳定。情景1、情景2和情景3中的单位收费对现金利息保障倍数有不同的影响。在基本情景下，PPP项目经营活动产生的现金流量净额加付现所得税对现金利息支出具有较高的保障水平；在不利情景下，PPP项目期间的现金利息保障倍数都小于1，利息的支付发生困难，PPP项目风险增加；在最坏情景下，现金利息保障倍数更低甚至为负，运营收入不足以维持PPP项目运营，最终PPP导致项目失败。

5.5　本章小结

从系统的观点看，PPP 项目的风险特性主要取决于系统的内部结构，在开发、建设和运营等不同阶段呈现不同的特征，当外部环境和内部条件发生变化时，PPP 项目风险的输出结果也会随之改变。本章对智慧城市 PPP 项目进行系统动力学建模，揭示了智慧城市 PPP 项目风险形成和累积的内在机理，结合北京市大数据研究平台 PPP 项目，对其关键财务和风险指标进行了动态模拟，可用于分析挖掘关键影响因素或敏感因子。

第 *6* 章

智慧城市PPP项目风险模糊影响图评价

智慧城市 PPP 项目所涉及的风险因素较多，且多个因素之间相互影响，直接利用它们进行风险评估过于复杂，而且误差较大。针对智慧城市 PPP 项目风险因素的影响关系及其引起的后果得不到确切表示、风险损失难以量化等问题，本章引入模糊影响图（FID）算法，描述风险因素的影响关系及所引起的后果，结合智慧城市典型 PPP 项目案例进行风险评估。

6.1 模糊影响图方法

在决策分析中，很多问题都是由大量相互联系的方案和不确定性组成的。人们提出影响图的目的，就是在推理和决策问题的概率模型与问题的正规数学和统计分析之间架起桥梁。影响图的中心思想是利用有向图作为构造决策问题的概率模型和计算有关数量的框架[103]。

最早的关于影响图理论的是 Sewall Wright 在回归模型中用有向图证明"影响"和"原因"的关系，尽管在他文章中没有讨论弧向翻转，但明确提出了有向路径的概念[104]。Good I. J. 在两篇颇具洞察力的文章中提出，在有向图中用因果链解释间接前序节点 F 经过一组直接前序节点 $G=(G_1,G_2,\cdots,G_n)$ 引起原因 E（关心的节点）的可能性，在他的假设中，运用了已知直接前序节点 G 的数值，F 和 E 的条件独立关系[105,106]。影响图理论在 20 世纪 80 年代已日臻成熟，学者们发表了大量相关文章，如 John Diffenbach[107]、Shachter Ross D.[108]、Smith J. Q.[109]等，他们在讨论、建立与计算决策问题的实践中发展了影响图理论。

模糊影响图（Fuzzy Influence Diagram，FID）方法将模糊理论与影响图理论相结合，采用模糊理论描述节点的状态和频率之间，以及节点之间的模糊关系。Mateou N. H. 指出模糊影响图适用于研究不确定条件下的决策问题，通过引入模糊逻辑对随机事件进行概率推理[110]；程铁信、王平和张伟波改进了模糊影响图评价算法，指出从数值层和函数层的构造到评价算法实质上是统一的，其思想来源于模糊合成的关系传递原理[111]；王檀林和汪克夷提出了基于区间值的模糊影响图方法，将区间值的模糊关系合成运算法则，基于心态指标的区间值引入排序方法，得到最终价值节点的概率分布情况[112]；常志朋、王永利和程龙生针对影响因素复杂的总体评价问题，提出了一种基于模糊影响图与 D-S 证据理论的多属性群决策方法，通过模糊影响图构建多层决策模型，利用模糊关系矩阵传递专家的意见，利用证据理论集结专家意见[113]；Rodrıguez-Muniz L. J. 针对模糊问题，借助影响图开发了一个数学模型，用来处理多步骤决策问题[114]。

模糊影响图作为表示不确定性问题的建模工具，其最大的用处在于确定问题中的主要变量间的相互关系，以图形表示信息流向和整个问题的结构。用影响图的图形表示决策问题的最大优点在于：首先，可以使人们从图形上直观地看出在概率模型中随机变量间的条件独立和相关关系，这比从原始数学命题开始进行复杂的概率、代数分析，推导出等价关系要容易得多；其次，原始问题中随机变量联合概率分布的一种已知的展开式不仅与影响图中代表随机变量的节点及有向弧相对应，还与由观察随机变量的新证据进行推导得到推理相对应；最后，更重要的是使用一个图形既可以提供建模型的框架，又可以在非技术层次上讨论、推理、预测和决策更深层次的问题。

目前，模糊影响图方法已广泛地应用工业控制、投资风险分析、医疗诊断和医疗技术评估，以及预测等领域。许多学者将模糊影响图方法应用于研究风险问题，涉及高速公路经营风险评估（陈赟、李晶晶、杨文安）[115]、信息安全风险评估（张锟、葛磊、王春新等）[116]、新产品开发项目评估（刘政方、吴广谋）[117]、供应链金融信用风险评估（孔媛媛、王恒山、朱珂等）[118]等。

6.2 智慧城市 PPP 项目风险模糊影响图评价模型

6.2.1 风险模糊影响图

根据前文对 PPP 项目全局风险因素的识别和分析，可能导致智慧城市 PPP 项目失败的风险因素可分为宏观层面风险、与项目自身相关的风险以及与项目参与方相关的风险。

在实际运作中，智慧城市产业链中存在大量上下游关系，它们通常也是构成 PPP 项目合作方的利益相关方。政府、社会资本及其他参与方通过 PPP 项目合同确立关系，即通过合同条款来界定各方的权利义务，明确 PPP 项目的收益共享和风险分担机制。可以说，PPP 项目合作伙伴关系的建立和维系，是决定 PPP 项目成败与否的关键。为了区别 PPP 项目全生命周期中存在的其他风险，我们将由上述原因而引起 PPP 项目损失的风险称为政府和社会资本合作风险或 PPP 项目合作风险。通过对 PPP 项目风险的逐层分解，可根据其影响关系分别绘制风险影响图，本章以 PPP 项目合作风险为例进行研究。

依据 PPP 项目合作风险产生的内在逻辑，在智慧城市 PPP 项目调研和咨询专家意见的基础上，将 PPP 项目合作风险作为价值节点，将影响 PPP 项目合作风险的事件和因素作为机会节点或独立节点，绘制 PPP 项目合作风险模糊影响图，如图 6.1 所示。

6.2.2 计算步骤

模糊影响图的数学思想来源于模糊合成的关系传递原理。风险因素的模糊影响图评价通过影响图来传递频率模糊集，从独立节点出发开始评价，在所有的独立节点评价完成后，再按照模糊影响图中箭头指向对非独立节点（包括中间节点和最终价值节点）逐级评价，最终价值节点的频率矩阵通过独立节点的频率矩阵和紧前/紧后节点的模糊关系来求出。这需要确定每一个条件节点和价值节点的所有紧前节点的频率矩阵，如果一个节点的频率矩阵计算出来，则认为该节点被释放。

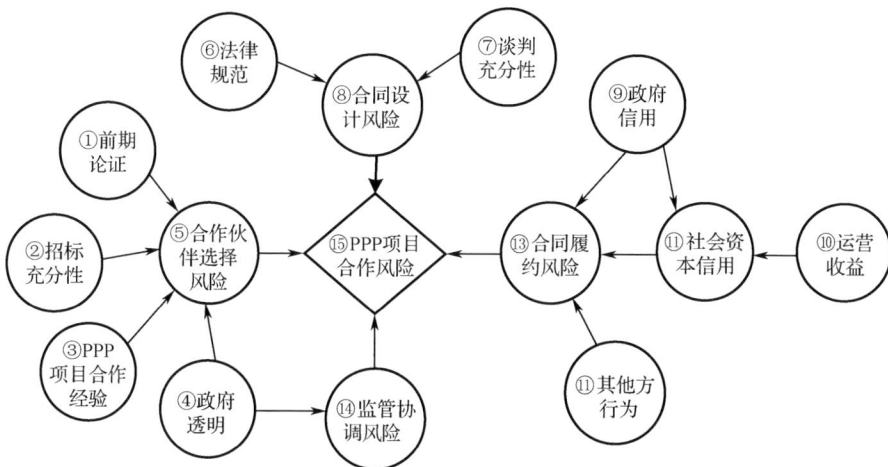

图 6.1　PPP 项目合作风险模糊影响图

由于要计算每一节点的所有紧前节点的频率矩阵，因此，只有当它的所有前序节点都被释放后，它才能被释放。在模糊影响图中，必须建立释放顺序，首先计算每一独立节点的频率矩阵，当所有的独立节点被释放后，再计算独立节点的直接后续节点的频率矩阵，重复以上步骤，直至所有节点均被释放。模糊影响图的计算过程如图 6.2 所示。

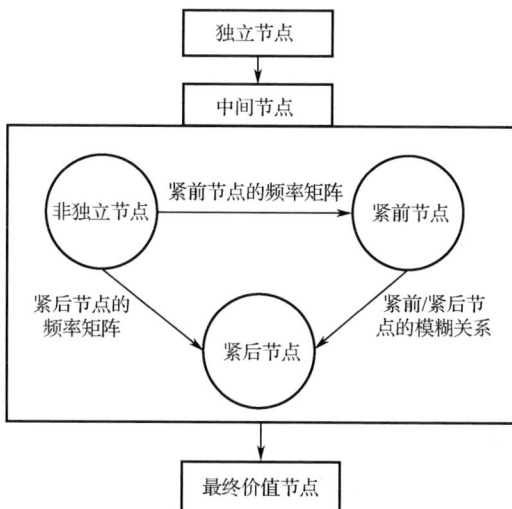

图 6.2　模糊影响图的计算过程

概言之，模糊影响图的计算过程是：首先通过状态模糊集之间的笛卡尔乘积得到模糊关系，再将多个状态关系及多个节点用它们的并集来表示，最后通过模糊合成的运算，得到紧后节点的频率矩阵，通过层层传递，建立最终价值节点的频率矩阵，从而求出每一随机结果的概率。

6.2.3　评价算法

模糊影响图采用模糊理论描述节点的状态、频率，以及节点之间的状态关系，可在关系级、函数级、数量级三个层次上进行解释，它们代表了人们对所研究问题了解的深度，下面逐一讨论[119]。

（1）模糊影响图的关系级。当两个随机变量相互独立时，在两个随机变量对应的节点之间无有向弧连接；当两个随机变量概率相关时，两个随机变量对应的节点之间有弧线连接，弧的方向表示概率估计的次序。概率相关在数学上可以利用概率独立来定义，如果已知 X 发生，Y 发生的概率等于 Z 没有发生时的概率，那么 X 和 Y 概率独立；反之，X 与 Y 概率相关。

为了将模糊影响图中节点间的关系转化为数值，可使用结构矩阵 M 来表示节点的相应关系，结构矩阵 M 用于辨识模糊影响图中每一节点的紧前节点。对于具有 n 个节点的模糊影响图，结构矩阵为 $n \times n$ 方阵，即：

$$M = \begin{bmatrix} m_{11} & \cdots & m_{1n} \\ \cdots & \cdots & \cdots \\ m_{n1} & \cdots & m_{nn} \end{bmatrix} \tag{6-1}$$

式中，每一元素 m_{ij} 的值均为 0 或 1，i 和 $j \in [1, 2, \cdots, n]$。若节点 j 为节点 i 的紧前节点，则 m_{ij} 的值为 1；否则为 0。

（2）模糊影响图的数量级。在模糊影响图中，每个节点都有一个数据框架文件，用于描述节点的状态、频率以及节点之间的模糊关系，分别以状态模糊集、频率模糊集和模糊关系集三类模糊集表示。状态模糊集是通过估计每个节点的可能状态而确定的；频率模糊集用于描述独立变量（即无前序节点的变量）的每个可能状态出现的频率，它是通过估计每个独立节点可能状态出现的频率而确定的；模糊关系集是一种特殊形式的模糊集，表现为模糊矩阵。三类模糊集分别用于描述每个独立变量的状态、出现的频率和影响图中紧前/紧后节点间的关联关系。

（3）模糊影响图的函数级。概率分析是对影响图更深一层的解释，在利用影响图进行概率推理或对决策问题做正规化分析时，必须进一步研究表示变量间的函数关系及数值的影响图。模糊影响图评价的目的是对影响图中出现模糊集的频率进行估值，因此需要根据独立节点的频率矩阵和紧前/紧后节点的关联关系来求出该节点的频率矩阵。当关系层确定后，模糊影响图在数值层上采用状态模糊集和频率模糊集描述节点的数据结构；在函数层上采用模糊关系描述变量间的关系。

① 无前序节点的独立节点频率矩阵。假设 X 为无前序节点的独立节点，如图 6.3 所示。

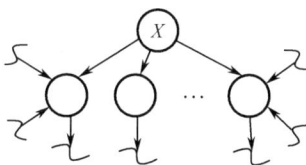

图 6.3　无前序节点的独立节点示意图

假设独立节点 X 的可能状态向量为：

$$\boldsymbol{P}_X = \{P_{X_1}, P_{X_2}, \cdots, P_{X_n}\}^{\mathrm{T}} \tag{6-2}$$

式中，P_{X_1}，P_{X_2}，$\cdots$，P_{X_n} 是由语言词汇定义的模糊集。

独立节点 X 的频率向量为：

$$\boldsymbol{f}_X = \{f_{X_1}, f_{X_1}, \cdots, f_{X_n}\}^{\mathrm{T}} \tag{6-3}$$

式中，$f_{X_1}, f_{X_1}, \cdots, f_{X_n}$ 为独立节点 X 每个可能结果出现的频率。

则独立节点 X 的频率矩阵 $\boldsymbol{F}_X$ 为：

$$\boldsymbol{F}_X = (f_{X_1} \times P_{X_1}) \bigcup (f_{X_2} \times P_{X_2}) \bigcup \cdots \bigcup (f_{X_n} \times P_{X_n}) \tag{6-4}$$

式中，运算符号 U 表示并集；运算符号×表示笛卡尔乘积。假设 A、B 为论域中两个任意集合，则：

$$A \bigcup B = \{x \mid (x \in A) \vee (x \in B)\} \tag{6-5}$$

若 X 和 Y 是同一个论域的模糊集，则从 X 到 Y 的模糊关系（$X \times Y$）为：

$$X \times Y = \{x \mid (x \in X) \wedge (x \in Y)\} \tag{6-6}$$

若 X 和 Y 是两个论域的模糊子集，则从 X 到 Y 的模糊关系（$X \times Y$）为：

$$X \times Y = \{(x, y) \mid (x \in X) \wedge (y \in Y)\} \tag{6-7}$$

式（6-7）的结果是一个模糊矩阵，即模糊关系。

② 有紧前节点的节点频率矩阵。假设 X 是有 m 个紧前节点（$Y_1, Y_2, \cdots, Y_m$）的节点，如图 6.4 所示。

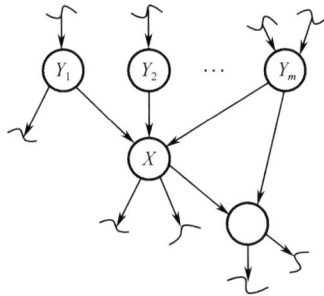

图 6.4　有紧前节点的节点示意图

F_{XP} 表示节点 X 的所有紧前节点频率矩阵的联合，则：

$$\boldsymbol{F}_{XP} = \boldsymbol{F}_{Y_1} \bigcup \boldsymbol{F}_{Y_2} \bigcup \cdots \bigcup \boldsymbol{F}_{Y_m} \tag{6-8}$$

若定义 $\boldsymbol{R}_{XY_m}$ 表示从节点 Y_m 到节点 X 的模糊关系，则：

$$R_{XY_m} = (P_{Y_{m1}} \times P_{X_i}) \bigcup (P_{Y_{m2}} \times P_{X_i}) \bigcup \cdots \bigcup (P_{Y_{mn}} \times P_{X_i}) \tag{6-9}$$

模糊关系 $R_{XY_1}, R_{XY_2}, \cdots, R_{XY_m}$ 的联合为：

$$\boldsymbol{R}_{XP} = R_{XY_1} \bigcup R_{XY_2} \bigcup \cdots \bigcup R_{XY_m} \tag{6-10}$$

节点 X 的频率矩阵为：

$$F_X = F_{XP} \circ R_{XP} \tag{6-11}$$

式中，运算符号。称为模糊合成，模糊合成的结果仍是一个模糊矩阵，即仍然是一个模糊关系。

③ 最终价值节点的概率函数。根据 Ayyub 和 Haldar（1984）的研究可知，价值节点（Value Node）的每一个随机结果的隶属度是指价值节点的频率矩阵 F_X 行元素之和与对应频率乘积最大的行，即 $\max(f_i \cdot \sum_j \mu_{ij})$。由 Zadeh（1986）的定义可知，得到每一随机结果的概率函数为 $P(X_i) = \dfrac{\mu_{X_i}}{\sum_{\Omega_X} \mu_{X_i}}$，其中 μ_{X_i} 为价值节点的频率矩阵中的行元素，Ω_X 为相应变量的取值空间。

6.3 风险评估——以北京市政务云项目为例

本节所选的案例北京市政务云项目由北京市经信部门牵头进行顶层设计，经过前期论证和试点云建设后进行公开招标，于 2015 年 10 月确定了两家政务云服务商以及一家政务云安全监管服务商。该项目采用企业投入资源建设、政府购买服务的模式，北京市政府授予两家公司特许政务云服务资格，合作期限设计为 3 年，期满后重新招标。在经信部门的统筹下，两家政务云服务商承担政务云的建设及运营维护，一家云安全监管服务商承担政务云的安全监管，向北京市的经信、交通、国资、财政等部门提供云计算服务、云存储服务、云安全服务，以及政务云增值和个性化服务。

6.3.1 模糊集描述

（1）频率模糊集。为了描述节点随机事件出现的频率，定义概率论域 $U=\{0.0,$ 0.1，0.2，0.3，0.4，0.5，0.6，0.7，0.8，0.9，1.0$\}$，依据专家咨询确定频率模糊集及隶属度：

高（H）= {0.7|0.5，0.8|0.7，0.9|0.9，1.0|1.0}

中（M）= {0.3|0.2，0.4|0.8，0.5|1.0，0.6|0.8，0.7|0.2}

低（L）= { 0|1.0，0.1|0.9，0.2|0.8，0.3|0.6}

非常高（VH）=（高）^{2}= {0.7|0.25，0.8|0.49，0.9|0.81，1.0|1.0}

非常低（VL）=（低）^{2}= {0|1.0，0.1|0.81，0.2|0.64，0.3|0.36}

（2）状态模糊集。将各节点可能的状态模糊化，为表述方便，将对结果有利的最好状态定为好，对结果一般的定为中，对结果不利的定为差。

好（G）= {好|1.0，中|0.0，差|0.0}

中（M）= {好|0.0，中|1.0，差|0.0}

差（B）= {好|0.0，中|0.0，差|1.0}

最终价值节点的状态也是概率数值，描述形式与事件频率相同。关于描述最终价值节点状况的不确定性，本节参照频率模糊集的界定方法和取值，来定义最终价值节点的状态模糊集。

增加很多（HI）= {40%|0.2，60%|0.6，80%|0.9，100%|1.0}

增加较多（MI）= {20%|0.4，40%|0.8，60%|1.0，80%|0.6}

增加较少（LI）= {0%|1.0，20%|0.8，40%|0.4}

无显著变化（NO）= {0%|1}

（3）模糊关系。根据对北京市政务云项目的调研结果并咨询专家意见，首先描述独立节点的随机事件和频率估计，如表6.1所示。

表6.1　独立节点的随机事件和频率估计

节　　　点	G	M	B	节　　　点	G	M	B
①前期论证	VH	M	VL	④政府透明	H	M	VL
②招标充分性	H	M	L	⑥法律规范	M	VH	VL
③PPP 项目合作经验	H	M	L	⑦谈判充分性	M	H	L

节　点	G	M	B	节　点	G	M	B
⑨政府信用	VH	M	VL	⑫其他方行为	M	M	L
⑩运营收益	H	M	L	—	—	—	—

然后描述紧前节点和紧后节点的模糊关系，如表 6.2 所示。

表 6.2　紧前节点和紧后节点的模糊关系

紧前节点	紧后节点	模糊关系
①前期论证	⑤合作伙伴选择风险	G-NO；M-LI；B-MI
②招标充分性	⑤合作伙伴选择风险	G-NO；M-LI；B-MI
③合作经验	⑤合作伙伴选择风险	G-NO；M-LI；B-MI
④政府透明	⑤合作伙伴选择风险	G-NO；M-LI；B-MI
④政府透明	⑭监管协调风险	G-NO；M-LI；B-MI
⑤合作伙伴选择风险	⑮PPP 项目合作风险	HI-HI；MI-MI；LI-LI；NO-NO
⑥法律规范	⑧合同设计风险	G-NO；M-LI；B-MI
⑦谈判充分性	⑧合同设计风险	G-NO；M-LI；B-MI
⑧合同设计风险	⑮PPP 项目合作风险	HI-HI；MI-MI；LI-LI；NO-NO
⑨政府信用	⑪社会资本信用	G-G；M-M；B-B
⑨政府信用	⑬合同履约风险	G-NO；M-MI；B-HI
⑩运营收益	⑪社会资本信用	G-G；M-M；B-B
⑪社会资本信用	⑬合同履约风险	G-NO；M-MI；B-HI
⑫其他方行为	⑬合同履约风险	G-NO；M-MI；B-HI
⑬合同履约风险	⑮PPP 项目合作风险	HI-HI；MI-MI；LI-LI；NO-NO
⑭监管协调风险	⑮PPP 项目合作风险	HI-HI；MI-MI；LI-LI；NO-NO

6.3.2　风险评估

（1）无前序节点的独立节点频率矩阵。根据 6.2.3 节介绍的评价算法，对于表 6.1 中的 9 个独立节点，按照其状态对应的频率，可以得出各自的频率矩阵。如前期论证的频率矩阵为：

$$F_1 = \begin{pmatrix} & VH & M & VL \\ 0 & 0 & 0 & 1 \\ 0.1 & 0 & 0 & 0.81 \\ 0.2 & 0 & 0 & 0.64 \\ 0.3 & 0 & 0.2 & 0.36 \\ 0.4 & 0 & 0.8 & 0 \\ 0.5 & 0 & 1 & 0 \\ 0.6 & 0 & 0.8 & 0 \\ 0.7 & 0.25 & 0.2 & 0 \\ 0.8 & 0.49 & 0 & 0 \\ 0.9 & 0.81 & 0 & 0 \\ 1 & 1 & 0 & 0 \end{pmatrix} \tag{6-12}$$

（2）中间节点频率矩阵。根据6.2.3节介绍的评价算法可以得到节点合作伙伴选择风险对应的 F_{5P} 为：

$$F_{5P} = F_1 \cup F_2 \cup F_3 \cup F_4 = \begin{pmatrix} & VH & M & VL \\ 0 & 0 & 0 & 1 \\ 0.1 & 0 & 0 & 0.81 \\ 0.2 & 0 & 0 & 0.64 \\ 0.3 & 0 & 0.2 & 0.36 \\ 0.4 & 0 & 0.8 & 0 \\ 0.5 & 0 & 1 & 0 \\ 0.6 & 0 & 0.8 & 0 \\ 0.7 & 0.5 & 0.2 & 0 \\ 0.8 & 0.7 & 0 & 0 \\ 0.9 & 0.9 & 0 & 0 \\ 1 & 1 & 0 & 0 \end{pmatrix} \tag{6-13}$$

节点①、节点②、节点③、节点④到节点⑤的模糊关系为：

$$R_{5P} = \begin{pmatrix} & 0\% & 20\% & 40\% & 60\% & 80\% & 100\% \\ NO & 1 & 0 & 0 & 0 & 0 & 0 \\ LI & 1 & 0.8 & 0.4 & 0 & 0 & 0 \\ MI & 0 & 0.4 & 0.8 & 1 & 0.6 & 0 \end{pmatrix} \tag{6-14}$$

根据表6.2中节点间的模糊关系，分别计算节点⑤、节点⑧、节点⑪、节点

⑬、节点⑭ 5 个中间节点的频率矩阵。例如，节点⑤的频率矩阵为：

$$
F_5 = \begin{pmatrix}
 & 0\% & 20\% & 40\% & 60\% & 80\% & 100\% \\
0 & 0 & 0.4 & 0.8 & 1 & 0.6 & 0 \\
0.1 & 0 & 0.4 & 0.8 & 0.81 & 0.6 & 0 \\
0.2 & 0 & 0.4 & 0.64 & 0.64 & 0.6 & 0 \\
0.3 & 0.2 & 0.36 & 0.36 & 0.36 & 0.36 & 0 \\
0.4 & 0.8 & 0.8 & 0.4 & 0 & 0 & 0 \\
0.5 & 1 & 0.8 & 0.4 & 0 & 0 & 0 \\
0.6 & 0.8 & 0.8 & 0.4 & 0 & 0 & 0 \\
0.7 & 0.5 & 0.2 & 0.2 & 0 & 0 & 0 \\
0.8 & 0.7 & 0 & 0 & 0 & 0 & 0 \\
0.9 & 0.9 & 0 & 0 & 0 & 0 & 0 \\
1 & 1 & 0 & 0 & 0 & 0 & 00
\end{pmatrix} \quad (6\text{-}15)
$$

（3）最终价值节点频率矩阵。通过对模糊影响图的逐层模糊合成运算，得出最终价值节点 PPP 项目合作风险的频率矩阵，即：

$$
F_{15} = \begin{pmatrix}
f_{Xi} & 0\% & 20\% & 40\% & 60\% & 80\% & 100\% & \sum \mu_{xi} \\
0 & 0.4 & 0.4 & 0.8 & 1 & 0.9 & 1 & 4.5 \\
0.1 & 0.4 & 0.4 & 0.8 & 0.9 & 0.9 & 0.9 & 4.3 \\
0.2 & 0.4 & 0.4 & 0.8 & 0.8 & 0.8 & 0.8 & 4 \\
0.3 & 0.4 & 0.4 & 0.6 & 0.6 & 0.6 & 0.6 & 3.2 \\
0.4 & 0.8 & 0.8 & 0.8 & 0.8 & 0.6 & 0.6 & 4.4 \\
0.5 & 1 & 0.8 & 0.8 & 1 & 0.6 & 0.6 & 4.8 \\
0.6 & 0.8 & 0.8 & 0.8 & 0.8 & 0.6 & 0.6 & 4.4 \\
0.7 & 0.5 & 0.5 & 0.4 & 0.4 & 0.4 & 0.2 & 2.4 \\
0.8 & 0.7 & 0.7 & 0.4 & 0.4 & 0.4 & 0.2 & 2.8 \\
0.9 & 0.9 & 0.8 & 0.4 & 0.4 & 0.4 & 0.2 & 3.1 \\
1 & 1 & 0.8 & 0.4 & 0.4 & 0.4 & 0.2 & 3.2
\end{pmatrix} \quad (6\text{-}16)
$$

从最终价值节点的频率矩阵中选取随机结果的隶属度，并计算每个随机结果的概率函数。由此可得最终价值节点的概率分布及累积概率计算结果，如表 6.3 所示。

表 6.3　最终价值节点的概率分布及累计概率计算结果

最终价值节点状态	0%	20%	40%	60%	80%	100%
概率分布	0.2083	0.1667	0.1667	0.2083	0.1250	0.1250
累计概率	0.2083	0.3750	0.5417	0.7500	0.8750	1.0000

6.3.3　结果分析

分析可知，北京市政务云项目合作风险大幅增加的概率不大，合作伙伴关系破裂的可能性较小，风险水平较低。这主要得益于该项目的运作模式以及有效的风险管理：①该项目的前期论证比较充分，经过规范的招投标程序确定了两家专业的政务云服务商，这种竞合关系使合作伙伴关系更为稳固；②该项目的合同明确了政府和社会资本合作项目的性质，即采用企业投入资源建设，政府购买服务的模式，界定了各方的权责利关系和风险分担机制；③在项目建设过程中，政府方仅提供机房等基础设施，建设运营维护资金则全部由社会资本投入，政府单方面违约的可能性较小，更多是履行项目管理监督职责，社会资本凭借建设全市统一基础公共云平台的契机，除基本政务云服务外还提供增值及个性化云服务，有稳定的项目收益来源，合同履约情况良好；④该项目委托专门的云安全监管服务商承担政务云安全监管，能够更为有效地对项目建设和运营维护过程实施监控。

6.4　本章小结

本章根据 PPP 合作风险产生和变化的内在逻辑构建模糊影响图，对北京市政务云项目的合作风险进行模糊影响图评价。研究结果表明，该项目的合作风险水平较低，这与项目当前的实际运行情况是符合的。除本章提到的 PPP 项目合作风险外，智慧城市 PPP 项目其他风险都可应用模糊影响图进行评估，通过对风险节点及其相互影响关系的分析来合理控制各种风险。

第 7 章

智慧城市 PPP 项目风险分担机制设计

风险分担是 PPP 项目的核心，PPP 项目合同的目的就是要在政府和项目公司之间合理分担风险，明确合同当事人之间的权利义务关系，以确保 PPP 项目的顺利实施，实现物有所值。本章从 PPP 项目参与主体的合作性和风险因素的不确定性出发，构建基于随机合作博弈的风险分担比例决策模型，以风险承担量和风险收益平衡的原则设计风险分担机制，结合智慧城市 PPP 项目的典型案例对主要风险因素给出合理的分担方式。

7.1 随机合作博弈理论

冯·诺伊曼和摩根斯顿合著的《博弈论与经济行为》是博弈论体系初步形成的标志，该书首次提出了合作博弈的概念[120]。合作博弈又称为联盟博弈，是指一些参与方以同盟、合作的方式进行的博弈，博弈活动就是不同集团之间的对抗[121]。简单地说，存在有约束力的合作协议的博弈就是合作博弈。合作博弈强调团体理性，其存在的两个基本条件是：①对联盟来说，整体收益大于其每个成员单独经营的收益之和；②对联盟内部而言，应存在具有帕累托改进性质的分配规则，即每个成员都能获得比不加入联盟时多一些的收益。由于在解决世界上各类资源共享问题和避免冲突方面有独到的方法，合作博弈越来越受到理论界的重视，近年来在经济学中的地位与日俱增。

在合作博弈理论中，联盟收益通常为确定的值，但是在实际项目中存在着不确定性和大量的风险因素，难以提前确定联盟收益，标准的合作博弈理论也不再适用。这就需要一类具有随机支付的合作博弈理论来解决，可以用来研究联盟的随机风险在参与主体之间的分担问题。随机合作博弈理论最早是由 Charnes 和 Granot 提出的，Suijs 和 Borm 对其进行了相应的延伸与拓展。

从现有的文献来看，博弈论已被广泛应用于研究 PPP 项目的投资决策、收益分配、风险分担、政府补偿和激励机制等问题。其中在风险分担方面，何涛、赵国杰基于随机合作博弈模型，研究了政府与私人集团的最优合作博弈问题[122]；李林、刘志华和章昆昌研究构建了在参与方地位非对称条件下 PPP 项目风险分担的博弈模型，分别得出了模型的子博弈纳什均衡解和精炼贝叶斯纳什均衡解[123]；李妍运用不完全信息条件下的讨价还价博弈理论，构建了政府部门先出价的 PPP 项目风险分担模型和私营企业先出价的 PPP 项目风险分担模型，得出了对应的子博弈精炼纳什均衡状态下双方的风险分担比例[124]；白晓燕、许华和徐意从合作博弈的角度出发，对 PPP 项目的三个参与方（政府、企业和银行）进行风险分担博弈分析，构建了三方相互威慑的讨价还价博弈[125]；汪雯娟、彭翔、王波等分析研究构建了基于风险偏好的 PPP 项目风险分担博弈优化模型，为 PPP 项目参与方根据各自风险偏好进行风险评估提供了依据[126]；王军武、余旭鹏立足于演化博弈与风险关联视角，刻画了应分担风险损失并引入轨道交通 PPP 项目风险分担演化博弈模型中，根据复制动态方程，研究策略选择问题的演化过程，得到了不同情形下的演化稳定策略[127]；于祺以行为决策权的获取和转移为视角构建博弈模型，将引发政府债务风险的 PPP 财政支出行为的权利分别界定给政府和社会资本，构建并对比分析政府先行和社会资本先行的序贯博弈，及政府过度转移风险给社会资本的博弈模型。

7.2　智慧城市 PPP 模式的合作性及风险分担

7.2.1　利益相关方

智慧城市的发展依赖于政府、社会资本和公众的深度参与。智慧城市 PPP 项目的参与方包括政府、社会资本、融资方、承包商、分包商、供应商、专业运营商、保险公司和专业机构等。这些利益相关方为达成 PPP 项目的目标，通过组建项目公司或特殊目的实体的方式建立了一个合伙人和联盟合作系统，他们之间既有竞争又有合作，这种竞合关系构成了一个价值网络，价值网络中的利益相关方相互合作、共享收益、共担风险。

PPP 模式不仅仅是在形式上通过成立联合体，使得政府部门和社会资本共同参与，该模式更注重参与方之间的伙伴关系，而这种伙伴关系要通过双方的分工与协作来完成。在 PPP 模式中，由政府部门或政府代表机构同社会资本建立的项目公司，实际上是一个合作联盟。在这个合作联盟中，政府参与方希望借助社会资本的资金力量和技术管理能力，实现成本的节约和风险的有效控制，同时在项目运营后实现一定的社会经济效益；社会资本的目标就是实现其资本的投资收益和企业的发展战略目标。

7.2.2　风险分担机制

PPP 模式改变了传统模式下政府承担全部风险的方式，不仅由政府和社会资本共同承担项目周期中存在的多种风险，还可以通过保险等手段转移部分风险。根据不同参与方风险承受能力的差异，合理分担风险，分散和降低项目参与各方的风险，有利于提高项目的整体风险承受能力。因此，无论从短期还是长期来看，风险分担策略实际上是各方实现其责任与收益之间平衡的一种策略，是一种实现多方共赢的策略。

在 PPP 项目实务层面，政府与社会资本的权利义务关系，以及 PPP 项目的交易结构、风险分担机制等均通过 PPP 项目合同确定，其目的是在政府与社会资本之间合理分担项目风险，明确双方权利义务关系，保障双方能够依据合同约定合理主张权利，妥善履行义务，确保项目全生命周期内的顺利实施。PPP 项目合作方及合同体系如图 7.1 所示。

就智慧城市 PPP 项目而言，合理分担风险意味着必须保证各参与方利益目标的实现，至少在这个合作联盟中得到的收益要高于各自独立开发项目时的收益。同时，合理的风险分担还要兼顾各相关方对风险的厌恶程度或承担意愿，这也是个相互博弈、协商谈判的过程。鉴于 PPP 项目的这种特性，本章运用随机合作博弈理论的思想来解决其风险分担及最优化问题。

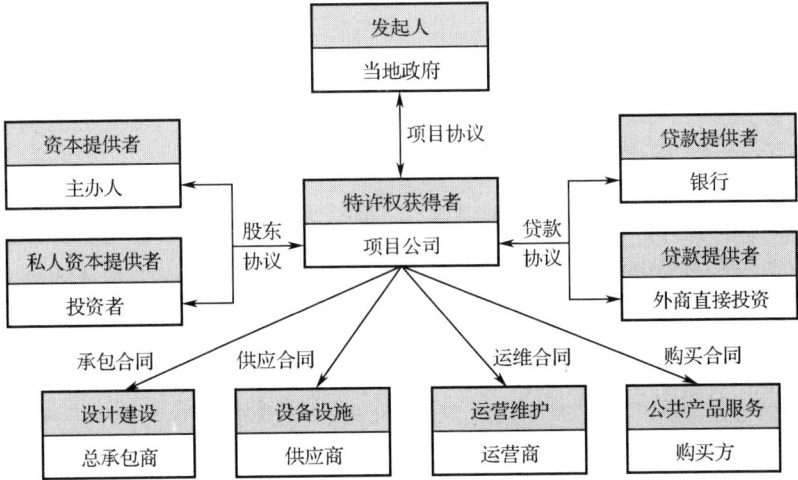

图 7.1　PPP 项目合作方及合同体系

7.3　基于随机合作博弈的风险分担模型构建

7.3.1　随机合作博弈过程

（1）随机支付合作博弈模型。随机支付合作博弈可表述为 $\{N,[R(S)_{s\in\beta}],(\succ_i)_{i\in N}\}$，其中 N 表示 PPP 项目的合作者；PPP 项目中小的合作者联盟用 S 表示；对 $\forall S\in N$，用 $R(S)$ 表示 PPP 项目合作者联盟 S 的非负随机收益；PPP 项目参与方的风险偏好集用 $(\succ_i)_{i\in N}$ 表示；合作者联盟 S 中成员的个数用 $|S|$ 表示；$kR(S)$ 表示合作者联盟 S 的收益分配；用 $k_iR(S)$ 表示合作者联盟 S 中成员 i 的收益，此收益是有效收益的条件为 $\sum_{i\in S}k_i=1$。

（2）参与方风险态度。假定在 PPP 项目中，政府和社会资本都是损失的规避者，对项目全生命周期中可能面临的风险采取规避行为，则 $u_i=\mathrm{e}^{r_ix}$，其中 $r_i>0$，r_i 与参与方风险规避程度成正比。

成员的风险偏好集由 $(\succ_i)_{i\in N}$ 表述，$X\underset{\sim_i}{\succ}Y$ 表示成员 i 承担风险 X 的意愿大于承担风险 Y 的意愿；$X\sim_iY$ 表示成员 i 承担风险 X 的意愿和承担风险 Y 的意愿无差别。

（3）政府与社会资本的随机 Shapley 值。记 $E(X)$ 为随机变量 X 的数学期望，存在效用函数 U_i，当且仅当 $E[U_i(X)] \geq E[U_i(Y)]$ 时，有 $X \underset{\sim i}{\succ} Y$，若存在转换函数 α，可以使 $p_i R(S)$ 无差异于 $q_i R(T)$，则

$$p_i R(S) \sim \alpha_i[R(S), R(T)] q_i R(T) \tag{7-1}$$

在大的合作者联盟中，有

$$\alpha_i[R(S), R(T)] = f_T^i[(f_S^i)^{-1}(p_i)]/q_i \tag{7-2}$$

即对任意 $S \in N$，相应的函数 f^i 可定义为：

$$f_S^i(t) = t/E[R(S)] \tag{7-3}$$

对于合作中的任意一个参与方，均有一个确定性等价 m_i，并且通过这个值可以得到其随机收益，表述如下：

$$\alpha_i[R(S), R(T)] = \frac{m_i(S)}{m_i(T)} \tag{7-4}$$

由此定义随机合作博弈的 Shapley 值为：

$$x_i = n!^{-1}\left\{\sum_{\sigma \in \prod N} \alpha_i[Y_{\sigma(i)}^{\alpha}, R(N)]\right\} R(N) \tag{7-5}$$

$$Y_{\sigma(i)}^{\sigma} = \left\{1 - \sum_{k=1}^{i=1} \alpha_i[Y_{\alpha(k)}^{\alpha}, R(S_i^{\alpha})]\right\} R(S_i^{\sigma}) \tag{7-6}$$

式中，$R(N)$ 为项目利益相关方按照一定顺序的排列。在 PPP 项目中，利益相关方的风险有两个，分别是政府和社会资本，其 Shapley 值可表示为：

$$x_1 = \frac{1}{2}\alpha_1[R(1), R(N)]R(N) + \frac{1}{2\{1 - \alpha_2[R(2), R(N)]R(N)\}} \tag{7-7}$$

$$x_2 = \frac{1}{2}\alpha_2[R(2), R(N)]R(N) + \frac{1}{2\{1 - \alpha_1[R(1), R(N)]R(N)\}} \tag{7-8}$$

式中，$R(1)$、$R(2)$、$R(N)$ 分别代表成员 1、成员 2 和联盟的随机收益。

需要注意的是，本节对每种可能的排序均赋予固定权重 $1/2$，而在实际的风险分担过程中，双方的风险态度、谈判能力会对权重产生影响。经过谈判，各方的风险分担量会有所增减，因而，采用权重向量 $\boldsymbol{K} = \{k_1, k_2, \cdots, k_n\}$ 代替平均权重，其中 $\sum k_n = 1$。博弈双方各自的随机 Shapley 值为：

$$x_1 = k_1 \alpha_1 [R(1), R(N)] R(N) + k_2 \{1 - \alpha_2 [R(2), R(N)] R(N)\} \qquad (7\text{-}9)$$

$$x_2 = k_2 \alpha_2 [R(2), R(N)] R(N) + k_1 \{1 - \alpha_1 [R(1), R(N)] R(N)\} \qquad (7\text{-}10)$$

7.3.2 最优风险分担随机合作博弈模型

依据智慧城市 PPP 项目各参与方的博弈特征，当参与方进入风险分担合作联盟后，其可以获得的风险总收益是较大的，而且一定会高于各参与方分别独自承受风险的收益总和。这就表明，加入联盟的全部成员都会得到更好的收益，即满足超可加性：

$$EU(x_i) = \int f(x_i) U(x_i) \geqslant \int f[R(i)] U[R(i)] = EU[R(i)] \qquad (7\text{-}11)$$

用确定性等价代替式中的期望效用，有：

$$m_i(x_i) = E(x_i) - \frac{1}{2} r_i \mathrm{Var}(x_i), \quad i = 1, 2 \qquad (7\text{-}12)$$

式中，$E(x_i)$ 代表 x_i 在联盟无风险时的期望；$\mathrm{Var}(x_i)$ 表示 x_i 的方差；$F(x_i) = \frac{1}{2} r_i \mathrm{Var}(x_i)$ 表示各参与方承担一定的风险追求的风险溢价；x_i 随着权重的变化而变化，则 m_i、$\mathrm{Var}(x_i)$ 都是权重的函数。

政府与社会资本组成的合作联盟的确定性收益为：

$$M(X) = m(x_1) + m(x_2) = E(x_1) - \frac{1}{2} r_1 \mathrm{Var}(x_1) + E(x_1) - \frac{1}{2} r_2 \mathrm{Var}(x_2) = E(X) - F(X)$$

$$(7\text{-}13)$$

$E(X)$ 表示政府和社会资本期望收益之和，是一个定值。因此，模型可简化为

求 $F(X)$ 时对应的权重：

$$\begin{cases} \min F = \dfrac{1}{2}r_1 \mathrm{Var}(x_1) + \dfrac{1}{2}r_2 \mathrm{Var}(x_2) \\ k_1 + k_2 = 1 \end{cases} \qquad (7\text{-}14)$$

7.3.3　模型求解与分析

建立拉格朗日方程如下：

$$L = \frac{1}{2}r_1 \mathrm{Var}(x_1) + \frac{1}{2}r_2 \mathrm{Var}(x_2) + \lambda(1 - p_1 - p_2) \qquad (7\text{-}15)$$

为便于运算，记 $\alpha_1 = \alpha_1[R(1), R(N)]$、$\alpha_2 = \alpha_2[R(2), R(N)]$，可得：

$$F = \frac{1}{2}r_1[k_1\alpha_1 + k_2(1-\alpha_2)]^2\sigma^2(N) + \frac{1}{2}r_2[k_2\alpha_2 + k_1(1-\alpha_1)]^2\sigma^2(N) \qquad (7\text{-}16)$$

对 k_1、k_2、λ 进行一阶求导，可得：

$$\frac{\partial L}{\partial k_1} = [r_1 k_1\alpha_1^2 + r_1 k_2\alpha_1(1-\alpha_2) + r_2 k_2\alpha_2(1-\alpha_1) + r_2 k_1(1-\alpha_1)^2]\sigma^2(N) - \lambda = 0 \qquad (7\text{-}17)$$

$$\frac{\partial L}{\partial k_2} = [r_2 k_2\alpha_2^2 + r_2 k_1\alpha_2(1-\alpha_1) + r_1 k_1\alpha_1(1-\alpha_2) + r_1 k_2(1-\alpha_2)^2]\sigma^2(N) - \lambda = 0 \qquad (7\text{-}18)$$

$$\frac{\partial L}{\partial \lambda} = 1 - k_1 - k_2 = 0 \qquad (7\text{-}19)$$

令：
$$\begin{cases} A_1 = [r_1\alpha_1^2 + r_2(1-\alpha_1)^2]\sigma^2(N) \\ A_2 = [r_2\alpha_2 + r_1(1-\alpha_2)^2]\sigma^2(N) \\ A_3 = [r_2\alpha_2(1-\alpha_1) + r_1\alpha_1(1-\alpha_2)]\sigma^2(N) \end{cases} \qquad (7\text{-}20)$$

因 $A = A_1 + A_2 - 2A_3 > 0$，方程存在唯一解。

$$\begin{cases} k_1 A_1 + k_2 A_3 - \lambda = 0 \\ k_1 A_3 + k_2 A_2 - \lambda = 0 \\ k_1 + k_2 = 1 \end{cases} \qquad (7\text{-}21)$$

解得：

$$
\begin{cases}
k_1 = \dfrac{A_2 - A_3}{A} \\[3mm]
k_2 = \dfrac{A_1 - A_3}{A}
\end{cases}
\tag{7-22}
$$

k_1、k_2 即政府和社会资本的风险分担比例。在该分担比例下，政府和社会资本的确定性收益最高。

通过最优风险分担模型可以使风险从有风险较规避一方转移到另一方，从而实现合作的高效率，使联盟的总风险溢价最低。为了验证这一点，计算 k_1 对 r_1 的导数，有：

$$
\frac{\partial k_1}{\partial r_1} = \frac{1}{D^2}\left[\frac{\partial (f_2 - f_3)}{\partial r_1} D - \frac{\partial D}{\partial r_1}(f_2 - f_3)\right] = \frac{1}{D^2}\left[\frac{\partial (f_2 - f_3)}{\partial r_1}(f_1 - f_3) - \frac{\partial (f_1 - f_3)}{\partial r_1}(f_2 - f_3)\right]
$$

$$
= \frac{1}{D^2}\{[(1-\alpha_2)^2 - \alpha_1(1-\alpha_2)]\sigma^2(N)[r_1\alpha_1^2 + r_2(1-\alpha_1)^2 - r_1\alpha_1(1-\alpha_2) - r_2\alpha_2(1-\alpha_1)]
$$

$$
- [\alpha_1^2 - \alpha_1(1-\alpha_2)]\sigma^2(N)[r_1(1-\alpha_2)^2 + r_2\alpha_2^2 - r_1\alpha_1(1-\alpha_2) - r_2\alpha_2(1-\alpha_1)]\}
\tag{7-23}
$$

当 $\alpha_1^2 > (1-\alpha_2)^2$ 时，有 $\dfrac{\partial k_1}{\partial r_1} < 0$。$(1-\alpha_2)^2\sigma^2(N)$ 是成员 1 后加入大的合作者联盟的边际收益的方差，而 $\alpha_1^2\sigma^2(N)$ 是成员 1 先加入大的合作者联盟的边际收益的方差。$\alpha_1^2 > (1-\alpha_2)^2$ 代表成员 1 先加入大的合作者联盟的边际收益的风险大于后加入大的合作者联盟的边际收益的风险，为了实现合作效率使总风险溢价最低，由式（7-23）可知，r_1 越大，成员 1 收益的方差 $\text{Var}(x_1)$ 越小，则 k_1 越小，k_2 越大。

当 $(1-\alpha_2)^2 > \alpha_1^2$ 时，有 $\dfrac{\partial k_1}{\partial r_1} > 0$，即 r_1 越大，则 k_1 越大，k_2 越小。对 r_2 求导，可得到同样的结果。

7.4 风险分担——以延庆区智慧环保 PPP 项目为例

本节以北京市延庆区智慧环保 PPP 项目为例，研究其风险分担机制。该项目建设地点为延庆区管辖内的延庆镇、康庄镇、八达岭镇、永宁镇、旧县镇、张山营镇、四海镇、千家店镇、沈家营镇、大榆树镇、井庄镇、刘斌堡乡、大庄科乡、香营乡、珍珠泉 15 个乡镇，建设内容包括互联网+天空地一体化环境监测网、智慧环保指挥中心，以及智慧环保综合管理与应用平台三部分。投资方式为政府直接投资和 PPP 模式投资，政府直接投资 5513.48 万元，剩余 11715.4 万元采用 PPP 模式投资，合作期限为 2018 年至 2037 年，共 20 年，其中，建设期 1 年，特许运营期 19 年。

根据前期论证，延庆区智慧环保 PPP 项目的主要风险包括：组织机构风险、施工技术风险、工程风险、投资估算风险、资金风险、市场风险、政策风险、财务风险和不可抗力风险等。针对以上风险所采取的应对策略有风险转移、风险降低和风险分担等。

7.4.1 可转移风险

可转移风险包括项目建设期间可能发生的组织机构、施工技术、工程、投资估算、资金、市场、财务等风险，项目公司通过参加商业保险后，可以有效转移大部分风险。

延庆区政府授权北京市延庆区生态环境局为 PPP 项目的实施机构。该项目操作模式为 BOT 特许经营模式，采用公开招标方式选择社会资本，在特许期内，由区生态环境局代表区政府授予项目公司特许权，由中选的社会资本 100%出资成立项目公司，负责项目的投融资、建设、运营和维护管理等工作，政府不参股项目公司，不参与项目公司的日常运营，主要负责项目总体策划和项目协调工作。根据项目建设方案，项目公司作为投资运营商承担该项目大部分风险，区生态环境局与项目公司签订 PPP 项目合同，通过加强内部管理、购买商业保函及保险等手段最大程度地规避和转移风险。

7.4.2 不可转移风险与分担成本

不可转移风险包括项目运营期间受消费物价指数、劳动力市场指数等影响可能发生的价格调整和利润率对运营补贴支出风险责任，不可转移风险由政府承担。

延庆区智慧环保 PPP 项目的风险分担比例是依据国际上的历史统计数据估计的，澳大利亚的平均转移风险价值占项目总价值的 8%左右，英国的转移风险评价值为 12%左右，综合两国的数据，将 10%作为该项目的可转移风险分担比例。通常可转移风险分担成本占项目全部风险分担成本的比例为 70%～85%，因此该项目的风险分担比例为 13%，全部风险分担成本为 5498.26 万元，政府自留风险分担比例为 3%，自留风险分担成本为 1268.83 万元。具体数据如表 7.1 所示。

表 7.1 延庆区智慧环保 PPP 项目风险分担成本表

年份	建设成本/万元	运营成本/万元	折现率/%	折现系数	折现值/万元	全部风险分担成本/万元	政府自留风险成本/万元
2018	11715.4	1486.48	4.90	0.9533	12585.20	1636.08	377.56
2019		1435.77	4.90	0.9088	1304.77	169.62	39.14
2020		1382.56	4.90	0.8663	1197.73	155.70	35.93
2021		1326.76	4.90	0.8258	1095.70	142.44	32.87
2022		1268.2	4.90	0.7873	998.41	129.79	29.95
2023		1206.8	4.90	0.7505	905.70	117.74	27.17
2024		1142.38	4.90	0.7154	9198.94	1195.86	275.97
2025		1486.48	4.90	0.6820	1013.81	131.79	30.41
2026		1435.77	4.90	0.6502	933.48	121.35	28.00
2027		1382.56	4.90	0.6198	856.90	111.40	25.71
2028		1326.76	4.90	0.5908	783.90	101.91	23.52
2029		1268.21	4.90	0.5632	714.31	92.86	21.43
2030		1206.8	4.90	0.5369	647.97	84.24	19.44
2031		1142.38	4.90	0.5119	6581.26	855.56	197.44
2032		1486.48	4.90	0.4879	725.32	94.29	21.76
2033		1425.81	4.90	0.4651	663.21	86.22	19.90

年份	建设成本/万元	运营成本/万元	折现率/%	折现系数	折现值/万元	全部风险分担成本/万元	政府自留风险成本/万元
2034		1362.16	4.90	0.4434	604.01	78.52	18.12
2035		1295.39	4.90	0.4227	547.57	71.18	16.43
2036		1225.35	4.90	0.4030	493.77	64.19	14.81
2037		1151.87	4.90	0.3841	442.48	57.52	13.27

7.4.3　可分担风险比例的计算

可分担风险包括项目建设期间和运营期间可能发生的法规政治风险、自然灾害等不可抗力风险等，需要由政府和项目公司共同分担。下面运用前文构建的基于随机合作博弈的风险分担比例模型，计算该项目的风险合理分担比例。

如果采用传统的公共服务提供模式，单独由政府负责，那么该项目的效率会较低且专业度不高，因而项目的收益也不高。假设其收益服从正态分布 $R(1) \sim N(6.2,1.5)$；若社会资本不参与该 PPP 项目，假设其得到的保留收益为 $R(2) \sim N(4,1)$；若该环保项目采用 PPP 模式，双方组成合作联盟，通过合作发挥各自的优势，则项目会取得较好的收益回报，实现大于单独建设的收益。假设收益服从 $R(N) \sim N(8,2.5)$，则政府和社会资本的风险规避系数 $r_1=1$、$r_2=1.5$，反映了各方的风险偏好态度。

根据公式 $\alpha_i[R(S),R(T)] = \dfrac{m_i(S)}{m_i(T)}$，计算可得：

$$\begin{cases} \alpha_1 = 0.81 \\ \alpha_2 = 0.53 \end{cases} \tag{7-24}$$

将其代入式（7-25），即：

$$\begin{cases} A_1 = [r_1\alpha_1^2 + r_2(1-\alpha_1)^2]\sigma^2(N) \\ A_2 = [r_2\alpha_2 + r_1(1-\alpha_2)^2]\sigma^2(N) \\ A_3 = [r_2\alpha_2(1-\alpha_1) + r_1\alpha_1(1-\alpha_2)]\sigma^2(N) \end{cases} \tag{7-25}$$

计算可得：

$$\begin{cases} A_1 = 1.77 \\ A_2 = 1.61 \\ A_3 = 1.33 \end{cases} \tag{7-26}$$

所以，A=0.71。由式（7-27）

$$\begin{cases} k_1 = \dfrac{A_2 - A_3}{A} \\ k_2 = \dfrac{A_1 - A_3}{A} \end{cases} \tag{7-27}$$

可计算得到政府与社会资本的风险分担比例，即：

$$\begin{cases} k_1 = 0.39 \\ k_2 = 0.61 \end{cases} \tag{7-28}$$

该结果代表在该案例中，政府与社会资本的风险分担的合理比例分别为39%和61%，在该分配比例下，政府和社会资本的确定性收益最高。

7.5 本章小结

风险分担是 PPP 项目参与主体共同分担风险的一种新型机制，其基本原则是由对风险最有控制力的一方控制风险，分担的风险程度与所得回报相匹配，分担的风险要有上限。通常，项目设计、建造、财务和运营维护等商业风险由社会资本分担，法律、政策和最低需求等风险由政府分担，不可抗力等风险由政府和社会资本合理分担。基于随机合作博弈的 PPP 项目风险分担比例模型将各参与方主体视为一个合作联盟，对项目整体风险的分担具有指导作用。

实践案例篇

当前，全球智慧城市建设如火如荼，势不可当。"他山之石，可以攻玉"，借鉴典型案例，可以为方兴未艾的智慧城市 PPP 项目建设提供实践参考。本篇研究国内外智慧城市的实践情况，对美国芝加哥、西班牙巴塞罗那、瑞典斯德哥尔摩、韩国釜山、新加坡，以及我国典型的智慧城市 PPP 项目进行分析，归纳其建设内容、投融资模式及风险管理策略。

第 **8** 章

国外智慧城市实践典型案例

智慧城市的应用对城市运营、服务提供、居民生活质量、经济和社会的发展产生了深远的影响，而投资和实施智慧城市对地方政府构成了重大的挑战。本章以美国芝加哥、西班牙巴塞罗那、瑞典斯德哥尔摩、韩国釜山、新加坡的智慧城市实践为案例，对智慧城市的建设、投融资模式，以及面临的风险与挑战进行分析。

8.1 美国芝加哥智慧城市

8.1.1 概况介绍

自 2011 年 5 月芝加哥原市长伊曼·纽尔（Mayor Emanuel）推动智慧城市议程以来，芝加哥一直活跃在智慧城市领域。芝加哥将开放数据政策作为智慧城市实践的核心，强有力的政治领导和协调一致的治理结构使芝加哥能够实现智慧城市的目标。

面向创建"城市作为一个平台"的愿望，芝加哥对开放式超高速宽带基础设施、社区参与和包容性项目，以及专门旨在促进技术创新的项目进行了投资，在这个平台上，产品和服务可以建立在城市拥有的资源之上。芝加哥智慧城市和开放数据计划的三个主要应用领域是基础设施投资、经济发展、社区参与。

表 8.1　芝加哥智慧城市和开发数据计划的三个主要应用领域

	主 要 项 目	建 设 内 容
基础设施投资	宽带项目（Broadband Project）	通过投资新的开放光纤环，基于开放网络获得千兆位速率
	联邦通信委员会频谱试点（Pilots with the Federal Communications Commission on Spectrum）	与联邦通信委员会就动态共享频谱展开合作
	可持续宽带应用（Sustainable Broadband Adoption）	旨在促进芝加哥五个弱势社区的经济发展
经济发展	芝加哥健康地图集（Chicago Health Atlas）	在地图上显示总体健康相关信息的网站
	Windy 网格（Windy Grid）	实时的开放数据基础设施投资计划和平台
	伊利诺伊州开放技术任务（Illinois Open Technology Challenge）	使政府、开发商和社区共同使用公共数据和创造数字工具，以满足公民需求和促进经济发展
社区参与	城市网络（The City Networks）	围绕数字化包含内容及应该做什么的关键定位进行报告
	数字技能倡议（Digital Skills Initiative）	用于协调跨部门技术培训的中央枢纽

8.1.2　投融资模式

伊曼·纽尔市长对智慧城市投资有强烈要求，设置了首席技术官、首席数据官这两个新职位，专门负责技术信息通信技术在城市中的作用。在组织及领导方面，芝加哥成立了一个组织结构，将强有力的领导与公民社会的强有力的伙伴关系结合起来。

关于智慧城市项目实施，芝加哥热衷于与各种各样的公司（而不仅仅是大公司）合作，这一点很重要，因为开放数据正在整个城市创造出以前不可能的专业知识和财富。芝加哥用于信息通信技术项目建设的资金来源多种多样，主要包括：

（1）拨款资助。芝加哥的创新和技术部门在可持续宽带应用协会获得拨款，智慧芝加哥协作组织（Smart Chicago Collaborative）负责管理这笔资金的所有项目。

（2）合作伙伴关系。芝加哥与 IBM 公司合作进行一些基础研究，智慧芝加哥协作组织得到麦克阿瑟基金会的支持（用于资助芝加哥金融城的一些项目）。

（3）现有城市资金。开放数据战略已经成为各部门预算的一部分，意味着财政预算是智慧城市项目的一个重要经费来源。

8.1.3　风险与挑战

芝加哥智慧城市建设面临的障碍主要有资金和人力资本两个方面。政府部门必须创造性地找到资金来承担智慧城市项目，这是一个关键的挑战；另一个关键的挑战则是重组城市的 IT 部门。

8.2　西班牙巴塞罗那智慧城市

8.2.1　概况介绍

巴塞罗那智慧城市建设正在迅速发展，它是从十几年前的数字城市发展而来的。在巴塞罗那，智慧城市被看成一种战略性地利用信息通信技术促进城市实现其目标的机制，因而智慧城市是一种手段而不是目的，技术被视为促成以下目标的因素，包括高效和可持续的城市交通、环境可持续性、方便营商和吸引资金、融合与社会凝聚力、与人交流和亲近、知识创造力和创新、透明度和民主文化、普及文化教育和卫生服务等。

巴塞罗那有许多智慧城市项目，它们分散在城市的各个部门，市政府以全局视野将这些项目统筹在一个的战略框架下。巴塞罗那智慧城市建设的战略愿景是：一个自给自足的城市，建设富饶的社区，建设高速、零排放的城市。巴塞罗那智慧城市战略有三个轴心：国际推广、国际合作和地方项目。巴塞罗那智慧城市的主要项目如表 8.2 所示。

表 8.2 巴塞罗那智慧城市的主要项目

	主 要 项 目	建 设 内 容
横向项目	新一代电信网络（New Telecommunications Network）	整合不同光纤网络，增强 Wi-Fi 网络，降低运营和维护成本，创建新的商业模式
	城市平台（Urban Platform）	传感器平台、城市操作系统、应用程序和服务等
	智能数据（Intelligent Data）	开放数据、城市指标的测量，以及用于决策和控制的中央空间
纵向项目	照明部门计划（Lighting Directorate Plan）	巴塞罗那照明战略计划
	自给自足的岛屿（Self-Sufficient Islands）	建立能源自给自足的岛屿，以改进与能源消费和生产有关的做法
	电动汽车（Electric Vehicles）	电动汽车在未来几年的发展计划
	远程灌溉管理（Telemanagement of Irrigation）	用于集中控制自动化灌溉基础设施的远程管理系统，以控制每个地区的灌溉时间和频率
	公交网络或部门流动计划（Orthogonal Bus Network or Directorate Mobility Plan）	设计巴塞罗那公交网络，以提高城市的流动性
	城市改造（Urban Transform）	在巴塞罗那主要街道的框架内，开发一系列智慧城市和电信项目
	2012—2022 年可持续性市民方案（Citizen Compromise to Sustainability 2012—2022）	实现更加公平、繁荣和自给自足的巴塞罗那
	开放政府（O-Government）	实施开放政府，在透明度、开放数据和公民参与等特定领域开发工具和网站
	智能停车（Smart Parking）	传感器平台和全城停车可用性显示
	巴塞罗那口袋项目（Barcelona in Your Pocket）	巴塞罗那非接触和移动应用

8.2.2 投融资模式

与各类合作伙伴开展合作是巴塞罗那智慧城市实践的核心，合作伙伴关系主要分为三类：与私营企业的合作、与研究中心的合作，以及与其他城市的合作。

（1）私营企业。

西班牙电话公司（Telefónica）和阿伯蒂斯（Abertis）分别与巴塞罗那签署了协议，共同确定试点项目，主要目标是在整合市政网络以及开发传感平台的过程中开展合作。

西班牙 IT 公司英德拉（Indra）与巴塞罗那合作，制定了关于开发能源和迁移率领域项目的合作协议。

IBM 公司与巴塞罗那签署了一份合作备忘录，以研究和开发城市操作系统及其未来在其他城市的应用。

与西班牙恩德萨（Endesa）国家电力公司合作开发能源效率项目，包括用于配电的智能电网扩展、城市供热供冷系统的网络扩建、修复建筑物以提高其能源效率等。

（2）研究中心。与卡特兰研究中心（Catalan Research Centres）、加泰罗尼亚自治区政府（Generalitat）合作开展欧洲研究开发和创新项目，推进巴塞罗那、加泰罗尼亚智慧城市集群的建立。

（3）其他城市。巴塞罗那在建设智慧城市过程中，与其他城市也建立了合作，如爱尔兰都柏林、韩国首尔等。

8.2.3　风险与挑战

作为世界著名的艺术之都、会展之都和移动世界之都，巴塞罗那在城市领域不断尝试新的理念和技术，如开发、试验和应用电动车，以及能源自给等方面的先进解决方案。巴塞罗那将着力建立一个智慧城市集群，从而促进不同部门之间的联系，创造一个将公司（包括跨国公司和中小企业）、研究中心、技术转让中心和高校结合在一起的生态系统。

8.3　瑞典斯德哥尔摩智慧城市

8.3.1　概况介绍

在过去的百余年内，电信业在斯德哥尔摩一直占有重要地位。斯德哥尔摩智慧城市的建设始于 20 世纪 90 年代创立的斯托卡布（Stokab）公司。斯托卡布是一家斯德哥尔摩市政府所有的公司，它在城市中铺设了一个巨大的光纤网络（总长度可环绕地球约 25 圈），其目的是以具有竞争力的价格为当地企业提供进行大量通信的机会。

斯德哥尔摩是一个很好的新技术测试市场，是世界上第一个 4G 标准的城市。斯德哥尔摩于 2006 年开始投资电子政务，当时政府投资 7000 万美元用于建设"电子政府"项目，该项目可以提供 50 多项的数字服务，这些数字服务不仅可满足城市居民的需要，而且还是可定制的。斯德哥尔摩在 2007 年通过了一个规划，该规划详细说明了到 2030 年要实现的核心优先事项。斯德哥尔摩智慧城市的项目如表 8.3 所示。

表 8.3　斯德哥尔摩智慧城市的项目

序号	主 要 项 目	建 设 内 容
1	电子政府（E-Government）	电子政府项目的大部分资金用于高质量、可获得的电子政务服务
2	Stokab 光纤网络（Stokab Fibre Network）	由斯托卡布公司建立光纤基础设施，并负责光纤基础设施的使用，以及与网络的连接租赁
3	Kista 科学城（Kista Science City）	斯德哥尔摩是一个创造性的"大熔炉"，公司、研究人员和学生为了发展和成长而合作，除了爱立信、微软和 IBM，Kista 科学城还有上千家各种规模的 IT 公司
4	皇家海港（Royal Seaport）	皇家海港是斯德哥尔摩的一个开发区，利用信息与通信技术和智能电网，使不同的住宅能够在一天的不同时间提供电力，能源效率非常高
5	运输及能源效率（Transport and Energy Efficiency）	斯德哥尔摩与各种私营企业合作，调查互联设备间的数据使用情况，采用大数据技术来优化程序（如交通监控）
6	绿色信息通信技术（Green ICT）	Green ICT 是通过 ICT 减低对环境影响的措施总称，如利用 ICT 减少企业的能源消耗和对环境的影响
7	开发数据（Open Data）	斯德哥尔摩将开放数据视为未来的基本原则，热衷于使数据访问更加普遍和直接

8.3.2　投融资模式

斯德哥尔摩智慧城市的建设以公民为中心，是从提供电子政务服务开始的。斯德哥尔摩与市民、私营企业进行了结构性的对话，了解市民希望城市提供什么样的服务，赋予了私营企业与市议会互动的空间。在智慧城市的建设过程中，斯德哥尔摩与私人利益相关方建立良好的双向沟通机制。许多私营企业都有自己的研发部门，基于现状和未来，斯德哥尔摩与这些私营企业建立了一些共同点，从私营企业那里获得了良好的经验。

斯德哥尔摩智慧城市计划成功的关键之处在于，不必动用经常预算，有其他资金的支持才能真正推动创新。斯德哥尔摩智慧城市建设的巨额投资来自上一年度的预算盈余，其中很大一部分用于基础设施投资，另一部分用于未来的IT投资。

为了优化和使用数据，斯德哥尔摩制定了指导方针和规则，并将为所有部门的适当项目提供资金。这意味着如果任何一个部门有项目，都可以在通过成本-收益分析来识别该项目对斯德哥尔摩市民的附加价值后，由中央资金池提供资金支持，减轻了各部门预算紧张的压力。借助于数字化的过程，项目投资可通过降低成本得以收回，收回周期取决于投资规模以及项目创造的效益。

8.3.3 风险与挑战

对于斯德哥尔摩的智慧城市建设来说，资金是非常重要的。创新投融资是斯德哥尔摩智慧城市取得的重大发展的关键机制，展望未来，预先融资是必要的，因而需要找到一种方法来为信息通信技术提供持续的资金，而不是从不同部门的日常开支中抽取资金。此外，推动大型公共部门组织的变革也是一个关键的挑战。

8.4　韩国釜山绿色 U-City

8.4.1　概况介绍

韩国釜山在2005年启动了釜山绿色U-City（无处不在的城市），将下一代发电技术改造成釜山的主要基础设施，涉及港口、交通、旅游和会议等。釜山绿色U-City是智慧城市的一个早期例子，采用PPP模式，由釜山市政府、思科

（Cisco）公司和韩国最大的电信公司——KT 合作开发建设基于云基础设施的智慧城市。釜山绿色 U-City 的总投资为 3.2 亿美元，该计划推进并实施了多阶段发展计划，为市民提供了众多的城市服务。釜山绿色 U-City 的蓝图如图 8.1 所示。

智慧社交	智慧绿色/城市交通	智慧能源/资源回收	智慧安保	智慧物流
智慧工作 移动App开发中心 智慧学习 智慧医疗保健	智慧车站 智慧停车 移动实景旅游 智能定价	绿色城市服务中心 智慧能源管理中心 智慧建筑 生态立城	集成安保 应急响应 灾难防御	实时物流基础设施 绿色物流运行系统 物流信息公共服务

图 8.1　釜山绿色 U-City 的蓝图

8.4.2　投融资模式

釜山绿色 U-City 的实施可分为三个阶段：第一阶段专注于设计，将城市管理和开发人员聚集在釜山移动应用中心（这是一个使用开放城市数据的新型共享应用开发平台）；第二阶段试行了为城市及其居民提供的新服务，并开发了内容管理的关键平台；第三阶段进行了商业部署，并为商业和工业应用构建一个更强大的云平台。

在釜山绿色 U-City 中，Cisco 公司和 KT 公司提供了建立基于云的协作基础设施和管理城市运营所需的技术与运营专业知识。自 2009 年 11 月以来，Cisco 公司一直是釜山绿色 U-City 的领导者；KT 公司是釜山绿色 U-City 一期的合作伙伴，于 2011 年成为釜山绿色 U-City 的总承包商；釜山市政府为釜山绿色 U-City 提供融资，计划通过节约运营成本和新的收入来收回成本，并将收入的一部分返给釜山 IT 产业促进机构，该机构可为参与釜山绿色 U-City 的中小型应用程序开发公司提供培训和教育。釜山绿色 U-City 的初步结果和业绩表明，它正在成为政府新的收入来源，并成为当地经济发展的驱动力。

KT 公司和 Cisco 公司共同成立了合资公司——KC 智能服务（KCSS），以满足亚洲地区对智能城市和智能建筑建设的需求。KCSS 公司主要关注韩国、日本、中国和新西兰等市场。

8.4.3 风险与挑战

釜山绿色 U-City 是一个开创性的智慧城市案例，说明了地方政府和私营企业如何通过开放的城市数据平台（可供第三方应用程序和服务开发商访问）构建基于云的智慧城市基础设施。经过短短一年的运营，智慧城市基础设施就证明了中小企业和市民参与公共服务提供及信息共享的可行性。

随着釜山绿色 U-city 进入最后阶段，该项目也面临着一些挑战尚待克服。釜山将需要继续发展创新的商业模式，以确保新城市服务的盈利。釜山对商业部门的关注也将继续扩大，以刺激足够的公众支持，并确保釜山绿色 U-City 采用基于云的服务。

8.5 新加坡智慧国

8.5.1 概况介绍

新加坡资讯通信发展管理局（IDA）于 2006 年 6 月推出了为期 10 年的"智慧国 2015（iN2015）"资讯通信发展蓝图，提出了创新、整合和国际化三大原则，希望将新加坡建设成一个以资讯通信驱动的智能化国度和全球化都市，2014 年新加坡将"智慧国 2015（iN2015）"升级为"智慧国 2025（iN2025）"，计划举全国之力在全国范围内建设智慧城市，这是全球第一个智慧国蓝图。新加坡智慧国之旅如图 8.2 所示。

新加坡智慧国理念的核心可以用三个"C"来概括：连接（Connect）、收集（Collect）和理解（Comprehend）。其中，连接的目标是提供一个安全、高速、经济且具有扩展性的全国通信基础设施；收集则是指通过遍布全国的传感器网络获取更理想的实时数据，并对重要的传感器数据进行匿名化保护、管理，以及适当的分享；理解的含义是通过收集到的数据（尤其是实时数据）建立面向公众的有效共享机制，通过对数据的分析，更好地预测民众的需求，提供更好的公共服务。

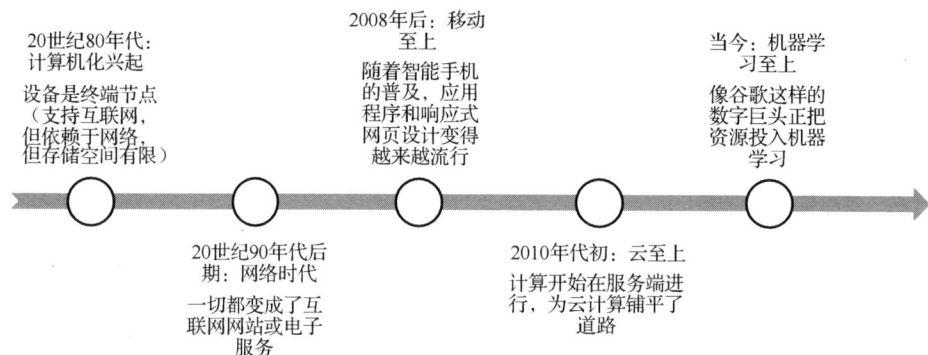

图 8.2　新加坡智慧国之旅

为了把新加坡打造成智慧国，新加坡政府将构建智慧国平台，建设覆盖全岛数据连接、收集和理解的基础设施与操作系统，根据获得的数据预测民众的需求，提供更好的公共服务，如根据交通情况预测塞车路段、利用电子眼来观察环境的清洁、使用无人驾驶车辆提供短程载送服务等。新加坡政府近 98% 的公共服务是通过在线方式提供的，民众可享受一站式服务，提高了公民和企业的满意度。新加坡在全球智慧城市的排名中名列前茅。

8.5.2　投融资模式

在"智慧国 2015（iN2015）"的推动下，IDA 通过在公共、企业、国民等领域的共同协作创新来实现"智慧国 2015（iN2015）"的愿景。"智慧国 2025（iN2025）"需要整个国家的努力，包括每一个政府机构、企业和新加坡人，政府将承担起政府职能和为数字化转型服务的责任，企业必须加快数字化转型的步伐，紧跟技术变革之风；同时，政府将与私营企业合作，推动数字化转型的进程，利用科技增强社会凝聚力。

在"智慧国 2025（iN2025）"的建设过程中，新加坡政府认为研究、创新和企业（RIE）是国家战略的基石，始终注重与学术界、研究中心、产业界的联系，以释放经济潜力。在过去的 25 年里，研究和创新的公共投资持续增长。根据RIE2020 的总体规划，新加坡政府拨出 4 亿新加坡元，支持 2016—2020 年的数字经济战略技术领域的研究、创新，该领域包括推动城市交通、医疗 ICT 和服务生产力方面的数字创新计划，同时也将支持人工智能、物联网和网络安全方面的建设。新加坡积极吸引顶尖的科学家，并与全球性的研究中心建立强有力的合作伙伴关系，确保这些研发投资促进新的经济活动。

为了培育一个充满活力的创业生态系统，新加坡政府制订了创业计划，在资金、辅导、人才吸引和国际化等领域提供全面支持。公共部门和私营企业将比以往任何时候都更加紧密地合作，以培育一个强大的生态系统，吸引顶尖人才和资本，使最具创新性的想法得以蓬勃发展。

8.5.3　风险与挑战

物联网、网络物理系统、区块链、增强现实、虚拟现实和量子计算等新兴技术的发展日新月异。随着科技的快速发展，所有城市和国家都将面临共同的挑战。新加坡政府将继续加强区域和国际合作伙伴关系，通过密切合作来应对全球挑战，如实现可持续发展和网络防御。新加坡政府充分认识到了各种可能性，采取切实步骤，在"智慧国2025（iN2025）"的建设中引入这些新兴技术，如实施由人工智能（AI）驱动的智能系统和数据管理研究计划，以确保新加坡的持续繁荣。

8.6　本章小结

国外在智慧城市建设中普遍采用公私合作模式，并已有一些标杆性范例。本章对美国芝加哥、西班牙巴塞罗那、瑞典斯德哥尔摩、韩国釜山、新加坡等智慧城市的投融资模式、风险与挑战进行了分析。除此之外，德国智慧城市建设资金来自欧盟、联邦政府、州政府、市政府和相关企业；丹麦哥本哈根智慧城市采用政府引导、企业为主的模式；法国伊希莱·莫里诺把在智慧城市运行中积累的不涉及隐私的数据租用给企业，从而实现双赢合作。这些城市在智慧城市建设中已经探索出相对成熟的投融资和风险管理模式，对我国智慧城市的建设具有借鉴意义。

第 *9* 章

我国智慧城市实践典型案例

中国是全球最大的智慧城市实践地，多个城市跻身全球智慧城市排行榜。在我国智慧城市实践过程中，国家级和省级的智慧城市试点和示范项目发挥了先行先试和引领带动的作用，本章以入选财政部 PPP 中心项目库的 11 个国家级智慧城市 PPP 项目为例，对各个项目的概况、PPP 模式和风险管理进行分析。

9.1 安徽省合肥高新区智慧城市管理运营项目

9.1.1 项目简介

合肥高新区于 2013 年 8 月入选住房和城乡建设部的第二批国家智慧城市试点地区。合肥高新区智慧城市管理运营项目于 2014 年 12 月发起，是第二批国家级 PPP 示范项目，该项目计划总投资 27.1 亿元，建设内容涵盖合肥高新区 128 km² 行政管理区域范围内的智慧城市建设，包括顶层设计及深化、项目投资融资、项目建设的管理、项目的运营维护、智慧产业创新发展等。

具体来说，合肥高新区将建设创新引领的、科技人文型智慧城市，重点推进 "3421" 体系，包括：

（1）三大核心支撑平台：大数据平台、云计算平台和地理空间信息平台。

（2）四大业务应用：产业发展领域、社会管理领域、民生服务领域和基础设施管理。

（3）两大规范体系：信息安全保障体系和智慧城市标准规范体系。

（4）一个城市运营中心：城市综合业务运营管理中心。

9.1.2 投融资模式

根据合肥高新区与住房和城乡建设部签订的《创建国家智慧城市试点任务书》，合肥高新区智慧城市管理运营项目将采用 PPP 模式，通过公开招标的方式确定优质社会资本。2015 年 8 月，合肥高新建设投资集团公司作为政府方与中选的社会资本方（安徽出版集团有限责任公司、北京昊天智城科技发展有限公司）签订了 PPP 项目合同，共同出资成立项目合作公司，注册资本金为 2 亿元，各出资方均以货币出资，公司各股东出资比例为：合肥高新建设投资集团公司出资 4000 万元，占总额的 20%；安徽出版集团有限责任公司出资 10000 万元，占总额的 50%；北京昊天智城科技发展有限公司出资 6000 万元，占总额的 30%。项目交易结构如图 9.1 所示。

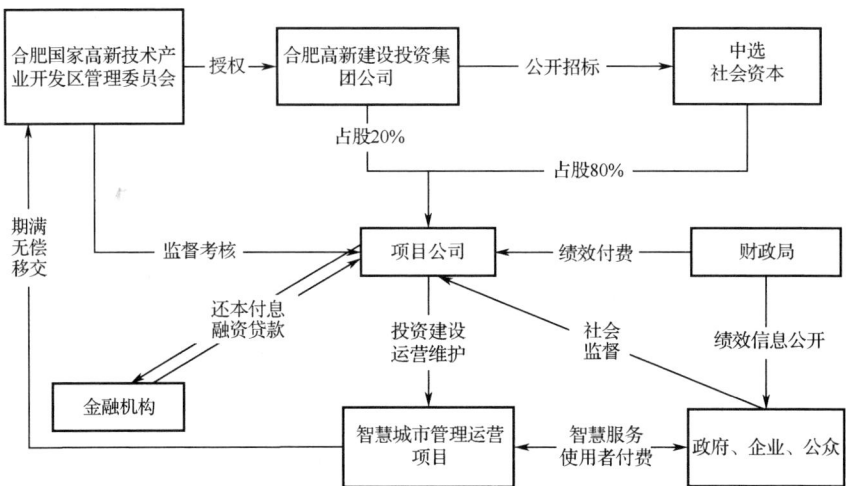

图 9.1 项目交易结构

合肥高新区智慧城市管理运营项目主要包括政府财政购买服务项目和市场自主运营项目两大类，采用 BOT 运作模式，根据不同的子项目采用政府购买服务、可行性缺口补助和使用者付费等项目回报机制。项目合作期限 15 年，合同到期后经合同方协商确定后根据情况可续约。

9.1.3 风险管理

遵循风险分配的基本原则，项目设计、建造、财务和运营维护等商业风险由项目公司承担，智慧城市建设中可能存在的人才稀缺风险、核心技术非自主性风险、设计建设风险、网络安全风险、生态环境风险由项目公司承担，法律、政策和最低需求等风险由政府承担，不可抗力等风险由政府和社会资本合理分担。合肥高新区智慧城市管理运营项目的风险分担如表 9.1 所示。

表 9.1 合肥高新区智慧城市管理运营项目的风险分担

序号	风险	产生原因	产生后果	解决方案	承担方
第一类：来自政府层面风险					
1	国有化	政府收回项目资产	项目公司破产，项目失败	如果必须强制收购，则政府给予项目公司赔偿	政府
2	政府干预	政府不按照合同的约定，无故干预项目的决策	项目效率降低	约定政府无故干预的责任	政府
3	政府信用	政府不履行或拒绝履行合同约定的责任和义务	延期甚至终止支付	聘请独立第三方评估、诉讼	政府
4	政府腐败	政府官员或代表采用不合法的影响力要求或索取不合法的财物	增加项目公司在关系维持方面的成本，也会加大政府的违约风险	加强群众的监督机制	政府
5	公众反对	由于各种原因导致公众利益受损，从而引起公众反对	工期延误，可能需要重新谈判并修改具体的合同条款，严重时还可能导致项目终止	做决策前站在公众的角度考虑，尽量做到不损害公众的利益	政府
6	税收调整	政府为了减少项目公司的减免税待遇，而调整税收政策	改变项目税收条件	政府对增加的税收给予补贴	政府
7	决策审批延误	中央或地方政府不按时审批甚至取消审批	项目周期延长，增加项目前期成本	相应延长特许期或给予补偿	政府

序号	风险	产生原因	产生后果	解决方案	承担方
8	环保风险	项目不能满足环保要求	设计变更, 投资或者运营费增加, 甚至导致项目彻底失败	政府承担因项目前期选址、环保等不符合要求的责任, 投资人承担因项目设计、运营原因导致的责任	政府/项目公司/保险公司
9	法律变更	采纳、颁布、修订、重新诠释法律或规定	对项目的建设和运营带来更高的要求	政府对因法律变更导致的损失给予补偿	政府/项目公司
第二类: 来自市场层面风险					
1	通货膨胀	物价上涨	成本增加	按约定进行调价或政府差额补贴	政府/项目公司
2	融资风险	由于融资结构不合理、金融市场不健全等因素引起的风险	资金筹措困难, 融资成本增加, 甚至融资失败	融资机构参与项目谈判, 增加贷款来源和贷款额, 承诺以收益作为担保	政府/社会资本
3	项目唯一性	其他投资人新建项目对本项目形成实质性的商业竞争	项目收入减少	在项目特许期内, 政府不再在项目周围的一定范围内建设同类项目	政府
4	市场需求	由于宏观经济、社会环境、人口变化、法律法规调整等其他因素使市场需求变化而产生的风险	市场预测与实际需求之间出现差异, 项目收入减少	政府与项目公司共同承担需求量不足的风险	政府/社会资本
5	第三方延误/违约	项目相关的第三方不履行或拒绝履行合同约定的责任和义务, 给项目带来直接或间接的危害	工期延误, 成本增加	获取第三方准确信息, 招标挑选最合适的伙伴, 并通过合同管理由第三方承担相应责任	第三方
第三类: 来自项目层面的风险					
1	项目成本超支	由于经营管理不善等原因, 项目成本超出预计额度	项目利润下降	加强项目管理	项目公司
2	管理风险	在项目建设、运营及维护的过程中, 由于组织管理问题而引起的各种风险及损失	项目收益不足, 在运营阶段出现损失	选择具有良好资质和管理经验的管理人员	项目公司

续表

序号	风险	产生原因	产生后果	解决方案	承担方
3	拆迁与补偿风险	在项目前期阶段,由于拆迁费不合理而导致的风险	前期成本增加,开工延误	按照拆迁合同索赔	政府/社会资本
4	设计不当风险	由于设计人员经验或理论知识的不足,导致设计出现问题	项目无法正常施工,导致延期或成本增加	获得设计担保或购买设计保险,设计招标	社会资本
5	完工风险	项目无法按时完工、延期完工或者完工后无法达到预期标准的风险	建设成本增加,工期延误	竣工担保,进度报告,提前投入资本金,延期罚款	社会资本
6	安全风险	由于现场管理不善,导致现场出现安全事故	项目成本增加	出台安全管理制度,进行充分的监管	承包商/保险公司
7	供应风险	原材料、能源或资源涨价,交通、邮电、通信以及服务于项目的各种配套设施的供应短缺、供应不及时	工期延误,影响项目运行	足够的水电供应,畅通的交通,签订长期供应合同	社会资本
8	技术风险	主要体现在技术的先进性、可靠性、适用性、稳定性,尤其是项目之间的贯通、协调及技术难度等	技术改进成本增加,降低项目经济性	采用成熟的技术、履约担保、绩效考核	社会资本
9	工程变更	由于业主、设计、施工等原因,导致施工方案在材料、工艺、功能、功效、尺寸、技术指标、工程数量及施工方法等方面的改变	建设成本增加,工期延误	签订工程变更协议	社会资本
10	项目移交	移交前谈判不合理,或维护设施检查不充分	项目设施维护不周,移交后影响使用	聘用经验丰富的人员进行谈判,仔细检查维护设施,做好绩效考核	政府/项目公司
11	项目采购程序竞争不充分	项目采购程序不公正、不公平、不透明,招标项目信息不充分或不真实,缺少足够的竞争者,市场主体恶意竞争,故意压低价格竞标等风险	中标价格不合理	编写科学的招标文件,公正、透明地开展招投标工作,防止恶意竞争	实施机构
12	项目测算不当	特许期、服务架构的设置与调整、政府补贴等项目参数的测算过于主观,使得项目没有达到理想的效果	项目收入低于预期,严重影响项目公司的生存	签订相关协议,聘请专业人员进行测算	社会资本

序号	风险	产生原因	产生后果	解决方案	承担方
13	经营者能力不足	由于经营者能力不足等原因导致建设、运营生产能力低下	建设、运营达不到预期效果	选择经验丰富、可靠的运营商	项目公司
14	财务监督不力	放贷方和政府对项目公司的资金运用与项目的现金流监管不足，导致项目资金链断裂等风险	项目财务状况恶化	聘请专业的会计师事务所进行财务管理	政府/银行
15	配套基础设施	由于项目相关的基础设施不到位引发的风险	工期延误，影响项目运营	签订配套基础设施及供应协议，在施工前检查其是否到位	实施机构
16	合同文本不完善	合同内容不完整	合同执行过程出现纠纷	聘请专业人员起草合同，并进行复查，签订合同补充协议	合同涉及方
第四类：因不可抗力导致的风险					
1	自然灾害	包括洪水、风暴、地震、雷击火灾等	项目失败	购买保险	政府/项目公司
2	上级政府行为	上级政府对项目的征用	项目提前终止	政府对项目公司进行适当补偿	政府/项目公司
3	社会异常事件	战争、罢工	项目失败	购买保险	政府/项目公司/保险公司

9.2 安徽省淮南智慧城市民生领域建设 PPP 项目（智慧医疗）

9.2.1 项目简介

安徽省淮南智慧城市民生领域建设 PPP 项目（智慧医疗）于 2015 年 7 月发起，是第三批国家级示范项目。该项目的总投资额为 12595 万元，覆盖了淮南市卫生健康委和主要的医疗、卫生系统机构，机房选址在淮南市高新技术开发区，灾备中心暂定为中国移动（安徽）数据中心机房。主要建设内容包括：

（1）人口健康信息平台：基础平台、数据共享与交换平台。

（2）基础保障服务项目：通信网络保障、计算中心、"健康卡"一卡通系统、建立标准规范、建立安全体系。

（3）智慧医疗卫生信息平台：区域卫生信息平台、卫生管理决策支持系统。

（4）医疗服务类项目：区域医院信息系统（HIS）、区域电子病例（EMR）系统、区域实验室信息管理系统（LIS）、区域影像归档和通信系统（PACS）、区域心电系统、区域体检系统、双向转诊分级诊疗系统、辅助诊疗系统、互联网医院移动App、远程医疗（会诊）系统。

（5）公共卫生类项目：卫生应急指挥系统、疾病预防控制信息系统、急救一体化管理系统。

（6）综合管理类项目：合理用药电子预警管理系统、绩效考核系统、办公OA系统。

（7）居民健康自助门户：居民健康自助门户。

（8）网络及硬件：数据中心部署、备份系统设计。

淮南智慧城市民生领域建设PPP项目建成后，该项目每天可将60000人次以上门诊信息上传到智慧医疗数据中心，预计在10年内的人口健康医疗数据将达10 PB，可实现淮南市辖区居民档案、处方、检验、检查、住院、用药、体检、手术等医疗数据的互联互通和信息共享。

9.2.2　投融资模式

安徽省淮南智慧城市民生领域建设PPP项目（智慧医疗）项目采用BOT运作模式，由政府方和社会资本共同成立项目公司，资本金为3000万元，股权结构为：淮南市产业发展（集团）有限公司代表淮南市政府出资900万元，占股30%；作为社会资本的深圳达实智能股份有限公司出资2100万元，占剩余的70%。项目交易的结构如图9.2所示。

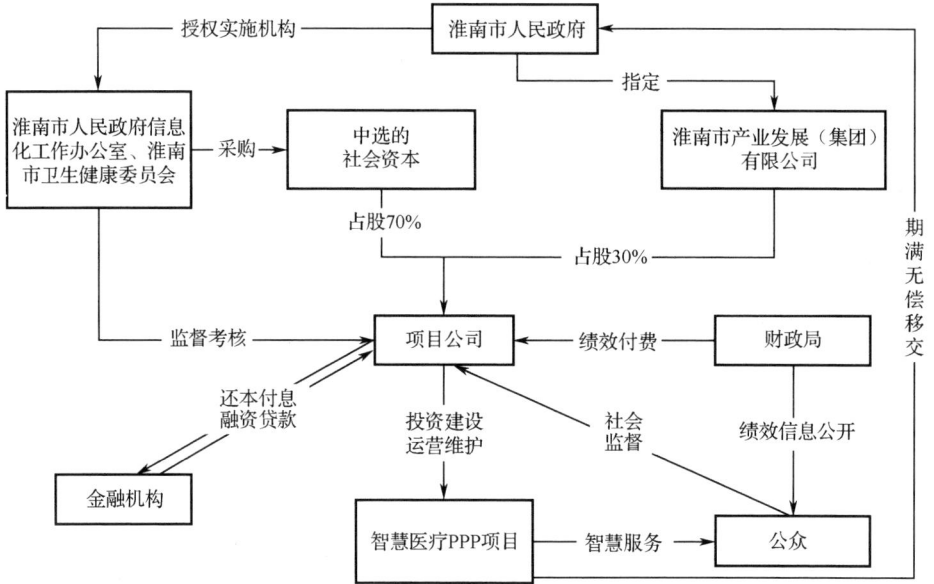

图 9.2　项目交易的结构

　　社会资本作为项目公司的控股股东，主要负责项目的设计、融资、建设、运营和维护。该项目主要用于满足淮南市居民健康、医院和政府管理需求，本身不具备使用者付费基础，因而回报机制为基于绩效考评的政府付费方式。项目经营模式采用特许经营方式，由淮南市政府授权项目实施机构（淮南市人民政府信息化工作办公室）与项目公司签订特许经营协议，项目公司拥有项目的特许经营权，特许经营期 10 年（含建设期），待特许经营期满后，无偿移交给淮南市政府，并保证在移交时项目设备、系统和软件等处于完好及正常运行状态。

9.2.3　风险管理

　　淮南智慧城市民生领域建设 PPP 项目按照风险分担优化、风险收益对等和风险可控等原则，综合考虑政府风险管理能力、项目回报机制和市场风险管理能力等要素，在政府和社会资本间合理分担项目风险。项目风险分配方案如表 9.2 所示。

表9.2 项目风险分担方案

序号	风 险 类 型	风 险 因 素	政府承担	社会资本承担	共担风险
1	设计风险	设计需求不明确	√		
2		设计文件本身缺陷		√	
3		设计风险需求变动、政府未按约定配合而衍生的风险	√		
4	融资风险	社会资本自身融资能力不足		√	
5		政府未按约定提供支持而衍生的风险	√		
6	建设风险	项目管理不善而衍生的风险		√	
7		融资成本高		√	
8		资金不能满足施工进度的要求		√	
9		施工质量		√	
10		工地安全		√	
11		施工成本超支		√	
12		工期滞后		√	
13		缺陷与隐蔽缺陷		√	
14		施工技术不过关		√	
15		延迟提供施工图纸		√	
16		分包商违约			变更责任方承担
17		工地发生事故		√	
18	运营维护风险	运营成本超支		√	
19		运营商违约		√	
20		服务质量不好		√	
21		维护成本过高		√	
22		维修过于频繁		√	
23		运维效率低		√	
24		设备维护状况变化		√	
25		要求改变运维技术	√		
26		延迟支付运维服务费	√		
27		由于设计缺陷引起运维不达标		√	
28		由于运维人员不遵守规程引起运维不达标		√	

序号	风险类型	风险因素	政府承担	社会资本承担	共担风险
29	运营维护风险	由于原材料价格上涨和数量增多导致运营成本超支			√
30		项目在移交时不能满足新要求	√		
31		项目公司破产		√	
32	法律风险	政府可控的法律变更	√		
33		政府不可控的法律变更		√	
34	政策风险	宏观经济变化	√		
35		审批延迟	√		
36		土地使用权变化	√		
37	政府偿还风险	政府支付能力不足或支付不及时	√		
38	最低需求风险	政府购买服务低于预期要求，影响项目正常运行	√		
39	不可抗力风险	自然灾害、动乱、恐怖袭击等			√

9.3 山东省滨州市阳信县"智慧阳信"项目

9.3.1 项目简介

滨州市阳信县"智慧阳信"项目于 2014 年 10 月发起，是第三批国家级示范项目和第一批省级示范项目，项目的总投资额为 94000 万元。项目的主要建设内容包括一个中心、四个体系、三十二个系统工程。

（1）一个中心："智慧阳信"运营管理中心（城市综合信息云中心）。

（2）四个体系：信息基础保障体系、智慧政务体系、智慧民生体系和智慧经济体系。

（3）三十二个系统工程：包括政务云计算中心、公共基础网络设施在内的属于信息基础保障体系的三个体统；包括智慧政务、智慧国土在内的属于智慧政务体系的十一个系统；包括智慧食药、智慧水务在内的属于智慧民生体系的十二个系统；包括智慧农业、肉牛产业经济平台在内的属于智慧经济体系的六个系统。

9.3.2　投融资模式

滨州市阳信县"智慧阳信"项目通过 PPP 模式大力引进社会资本，减轻政府财政压力。2015 年 8 月，由滨州市阳信县人民政府授权的阳信县智慧城市建设管理中心和中选的社会资本山东易华录信息技术有限公司签订 PPP 项目合同，随后联合成立项目公司（SPV）。项目公司的资本金 10000 万元，其中，政府指定的出资单位出资 1000 万元，占股 10%；社会资本出资 9000 万元，占股 90%。项目交易的结构如图 9.3 所示。

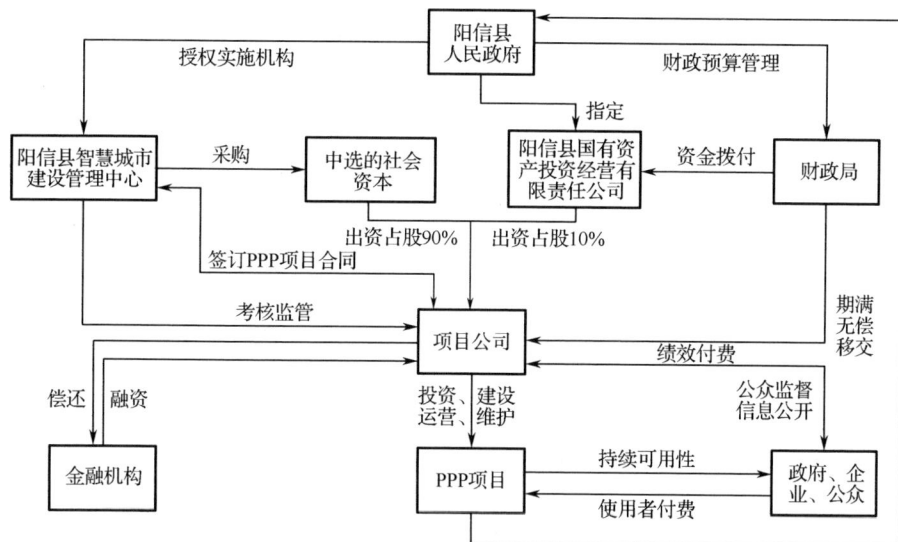

图 9.3　项目交易的结构

滨州市阳信县"智慧阳信"项目采用 BOT 运作模式，合作期限为 13 年，包括 3 年的建设期和 10 年的运营期。在合作期内，项目公司负责智慧城市运行管理中心、政府云计算中心（包含城市公共信息平台）、智慧城管、肉牛交易中心装修工程、产业经济平台、民生服务平台、能源在线监测系统板块、居民一卡通板块、企业征信平台等 9 个子项目的运营、设备维修、软件升级等。项目回报机制为可行性缺口补助，阳信县财政局结合建设期绩效考核及运营期绩效考核结果支付运营补贴。

9.3.3 风险管理

滨州市阳信县"智慧阳信"项目按照政策/法律风险、宏观经济环境风险、建设风险、运营风险、市场和收益风险、不可抗力风险六类风险设计风险分担的具体方案，如表9.3所示。

表9.3 项目风险分担的具体方案

序号	风险类型	风险因素	政府承担	社会资本承担	共担风险
1	政策/法律风险	政策、法律变更风险（本级政府可控）	√		
2		政府失信（本级政府可控）	√		
3		审批延误风险（本级政府可控）	√		
4		土地使用制度改革风险（本级政府可控）	√		
5	宏观经济环境风险	融资利率变化风险		√	
6		税率变化风险		√	
7	建设风险	融资风险		√	
8		设计风险		√	
9		技术风险		√	
10		土地取得风险	√		
11		工期风险		√	
12		质量风险		√	
13		成本风险		√	
14		配套基础设施	√		
15		工程变更			√
16	运营风险	技术可靠性和安全性风险		√	
17		运营维护风险		√	
18		社会资本违约风险		√	
19		经营管理风险		√	
20		信息安全风险		√	

续表

序号	风险类型	风险因素	政府承担	社会资本承担	共担风险
21	市场和收益风险	收费不足/价格太低风险		√	
22		市场需求不足风险		√	
23		经营成本增加风险		√	
24		运营补贴支付风险	√		
25	不可抗力风险	政策风险（本级政府可控除外）、区域发展风险			√
26		公共干预风险控制			√

9.4 山东省济宁市任城区山东智慧城市产业园建设项目

9.4.1 项目简介

山东省济宁市任城区山东智慧城市产业园建设项目于 2015 年 4 月发起，是第三批国家级示范项目和第二批省级示范项目。该项目的总投资额为 322464.24 万元，建设内容包括智慧城市和智慧城市产业园两部分。

（1）智慧城市：以社会管理、民生服务为主题进行示范建设，包括智慧城管、智慧政务、智慧医疗、智慧教育、智慧旅游、智慧交通等 21 个模块，并购置相关的硬件和软件设施。

（2）智慧城市产业园：总的用地面积为 475457.7 m^2，总建筑面积为 1344268.19 m^2，包括地上建筑面积 1033259.03 m^2 和地下建筑面积 311009.16 m^2，主要建设研发中心、创客中心、数据服务中心、展示中心、服务中心、商务办公、总部办公、商业、酒店、公寓、高层住宅、中高层住宅、小高层住宅、多层住宅、配套、幼儿园等；设计停车位 9875 个，其中地上 742 个、地下 9133 个。

9.4.2 投融资模式

济宁市任城区山东智慧城市产业园建设项目建设采用 PPP 模式，智慧城市建设项目逐年投资、滚动开发，采用边建设边经营的模式，资金包括政府和社会资本的启动资金，以及政府支付的服务费，产业园区建设项目资金由社会资本自筹。2016 年 1 月，深圳中兴网信科技有限公司中标该项目，随后组建智慧城市、产业园建设两个项目公司。智慧城市项目公司的注册资本金为 2 亿元，政府方出资 8000 万元（其中区级和市级平台公司各代表政府出资 4000 万元），占 40%的股权；社会资本出资 12000 万元，占 60%的股权。产业园建设项目公司由社会资本全部出资设立，资本金为 1 亿元。项目交易的结构如图 9.4 所示。

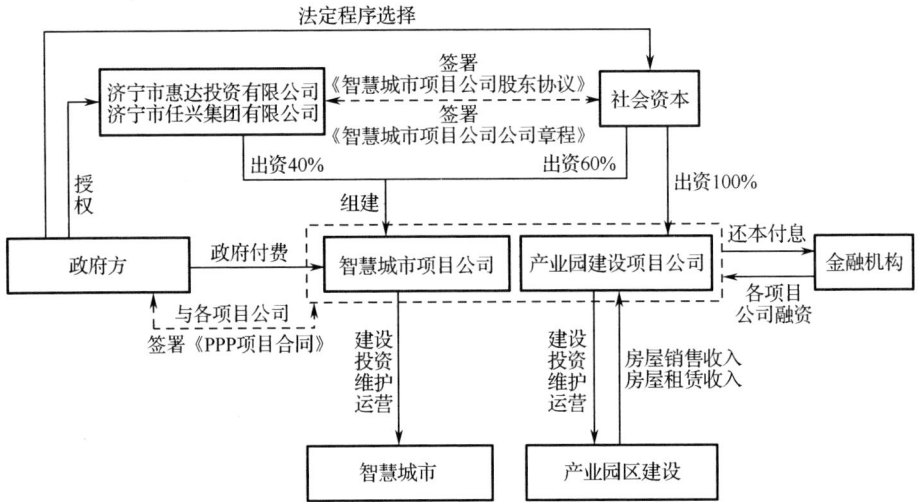

图 9.4　项目交易的结构

济宁市任城区山东智慧城市产业园建设项目采用 BOO 运作模式，智慧城市运营期限为 2017 年 3 月到 2046 年 3 月，产业园区运营期限为 2019 年 3 月到 2046 年 3 月。项目回报机制为政府付费+使用者付费，项目公司具体负责项目建设、投融资、维护等，项目运营期间就智慧城市部分由政府付费，产业园区部分由社会资本自行开发经营。

9.4.3　风险管理

济宁市任城区山东智慧城市产业园建设项目面临的主要风险有采购风险、建设风险、项目运营风险、成本超支风险、法律变更与经营环境风险、不可抗力风险等，风险管理的基本原则是由最有能力消除、控制或降低风险的一方承担风险。项目的具体风险分担方案如表 9.4 所示。

表 9.4　项目的具体风险分担方案

序号	风 险 类 型	风 险 因 素	政府分担	社会资本分担	共同分担
1	政治风险	政治反对	√		
2		政局不稳定	√		
3		宏观经济变化	√		
4		征用/公有化			√
5		法律变更			√
6		审核延误			√
7		行业规定变化			√
8	建设风险	融资工具可及性		√	
9		设计不当		√	
10		分包商违约		√	
11		工程/设计质量		√	
12		工地安全		√	
13		劳资/设备的获取		√	
14		劳工争端/罢工		√	
15		土地使用	√		
16		效率低/材料浪费		√	
17		建造成本超支		√	
18		完工风险		√	
19		融资成本高		√	
20		技术不过关		√	
21		考古文物保护	√		
22		地质条件			√
23		场地可及性/准备			√
24		工程/运营变更			√
25		公共设备服务提供			√
26	运营风险	运营成本超支		√	
27		维护成本高		√	
28		维修过于频繁		√	
29		运营效率低		√	
30		设备维护状况		√	

序号	风 险 类 型	风 险 因 素	政府分担	社会资本分担	共同分担
31	运营风险	移交后设备状况		√	
32		项目公司破产		√	
33		合同文件冲突			√
34		第三方延误/违约		√	
35		设施所有权			√
36	收益风险	收益不足		√	
37		收费/税收变更		√	
38		市场需求变化			√
39		市场竞争			√
40	宏观经济风险	通货膨胀			√
41		利率变化			√
42		外汇风险			√
43	其他风险	不可抗力			√
44		剩余风险			√

9.5 湖北省老河口市"智慧老河口"PPP项目

9.5.1 项目简介

"智慧老河口"PPP项目所在地位于湖北省襄阳市老河口市，于2015年2月发起，是第三批国家级示范项目。该项目属于"存量＋新建"项目，项目建设的总投资额为7343万元，涉及的资产包括"智慧老河口"的部分一期已建项目资产和全部后期待建项目资产，一期项目包括中心机房基础设施、数据中心基础软件和数据中心基础设施等，后期项目建设内容包含2016年城建计划所列内容和三年行动计划所列内容，具体包括：

（1）基础设施提升：网络建设、软/硬件设备、视频监控体系、数据中心和指挥中心、公共基础数据库、公共信息服务平台。

（2）智慧应用：城乡规划管理平台、智慧社区、南水北调生态走廊、智慧政务、城市综合应急智慧平台、智慧警务、网格化城市综合管理、智慧网管综合管理平台、电子商务、多规合一信息平台、地政一张图共享服务平台、化工园区安全监管平台、不动产登记管理信息平台、智慧城镇/园区、财政涉农扶优资金管理系统。

（3）制度体系：规范制度建设和其他不可预见项目部分。

9.5.2　投融资模式

老河口市"智慧老河口"PPP 项目采用 PPP 模式，老河口市人民政府授权老河口市智慧城市管理服务中心作为项目实施机构，同时授权老河口市建设投资经营有限公司（建设公司）作为政府出资代表。2016 年 9 月，老河口市智慧城市管理服务中心、建设公司与湖北智慧新城产业开发有限公司、湖北地信科技集团股份有限公司（地信科技集团）联合体三方签署 PPP 项目合同。根据合同约定，由后两方共同组建项目公司，注册资本金为 7343 万元，其中建投公司出资 734.3 万元，占 10%，社会资本出资 6608.7 万元，占股 90%。若在资金筹措过程中需要融资，项目公司可通过金融机构贷款等方式筹措项目所需的资金。项目交易的结构如图 9.5 所示。

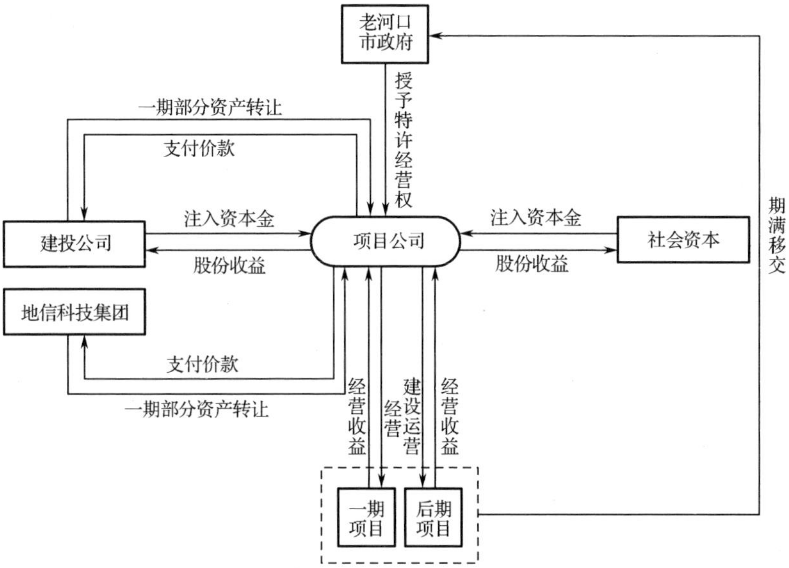

图 9.5　项目交易的结构

老河口市"智慧老河口"PPP 项目属准经营性项目，采用 TOT+BOT 的运作模式，合作期限 15 年，回报机制为可行性缺口补助。项目公司负责投资、建设、运维和移交工作，所购买的一期资产和后期投资建设形成的项目设施固定资产应属政府方所有，项目公司仅在特许经营期内拥有使用权和经营权。特许经营期满后，项目公司按照约定的移交范围、移交标准和移交程序等将项目设施无偿向政府移交。

9.5.3 风险管理

针对项目实施中面临的政治风险、配套设施风险、设计建设风险、运营维护风险、融资风险、市场和收益风险、法律风险、不可抗力等各类风险，"智慧老河口"项目风险分担坚持有效控制、风险上限、风险收益对等原则，具体风险分担方案如表 9.5 所示。

表 9.5 项目风险分担方案

序号	风险类型	风险因素	政府承担	社会资本承担	备　注
1	政治风险	项目征用/公有化等	√	√	当遭遇宏观调控时，项目的部分具体合约条款违反中央政策/方向，中央政府予以征用，强制社会资本退出
2		政府决策失误/过程冗长	√		
3		项目审批延误	√		
4		政府支付延迟或中断	√		
5	配套设施风险	一期工程基础设施风险等	√		
6	设计建设风险	项目设计不达标		√	
7		建设成本超支		√	
8		试运行不达标		√	
9		技术未达到相应的经济指标		√	
10		工期延误（未按预定建设期限完工）		√	

序号	风险类型	风险因素	政府承担	社会资本承担	备 注
11	运营维护风险	技术风险		√	（1）物联网、云计算、电子地图、虚拟现实等单项技术开发能力不足；（2）兼容、信息交换、数据融合等综合技术的人员缺乏；（3）增强现实技术、空间信息网络技术难以达到项目所需的水平
12		智慧城市服务供应风险		√	
13		相关服务提供不及时或者质量不过关运营成本超支		√	
14		组织协调风险		√	
15		组织协调能力不足移交资产不达标风险		√	
16	融资风险	融资结构不合理	√	√	
17		资本结构不合理	√	√	
18		金融市场不健全	√	√	
19	市场和收益风险	市场需求变化	√	√	项目收入减少
20		服务价格风险分配设计不合理	√	√	
21		通货膨胀	√	√	电价、社会平均工资水平、折旧费等费用上涨
22		税收调整	√	√	中央或地方政府的税收政策变更
23		费用支付风险	√	√	政府或商业使用者拒绝支付费用
24		收费变更	√		地方政府调整智慧城市收费标准或机制
25		利率风险	√	√	国家基准利率变化
26	法律风险	法律及监管体系不完善	√	√	
27		合同文件冲突/不完备	√	√	合同设计不完善

9.6 湖北省恩施州来凤县互联网大数据中心PPP建设项目

9.6.1 项目简介

恩施州来凤县互联网大数据中心 PPP 项目于 2017 年 5 月发起,是第四批国家级示范项目。该项目的总投资额为 178080.65 万元,通过"一核、一芯、一网、一平台"四个基础建设来支撑"政府治理、民生服务、产业经济、特色创新"四个领域应用。

(1)四个基础建设:一核是指互联网大数据中心,一芯是指城市大脑运营管理中心,一网是指全域感知网,一平台是指信息共享平台。通过四个基础建设,完善信息化基础设施,推进感知网络与信息共享的建设,打造智慧城市的"大脑"和"神经网络",推进数据资源共享。

(2)四个领域应用:政府治理包括智慧公共安全、智慧交通(管理)、智慧城管、智慧综合治理、精准扶贫、智慧国土、智慧水利、智慧环保;民生服务包括城市一卡通、智慧交通(便民)、智慧医疗、智慧公众服务、智慧养老、智慧社区、智慧文化;产业经济包括智慧旅游、智慧电商、智慧物流、智慧农业;特色创新包括 IDC 资源池、IDC 服务管理、IDC 运营管理。通过四个领域应用的部署来提升政府信息化管理水平,增加信息化运营手段,推动经济发展。

9.6.2 投融资模式

恩施州来凤县互联网大数据中心 PPP 项目完成公开招标后,来凤县经济和信息化局作为项目实施机构,与中选的社会资本(武汉烽火众智数字技术有限责任公司和武汉烽火众智智慧之星管理有限公司)于 2017 年 10 月签订 PPP 项目合同。来凤县政府授权来凤信息化投资有限公司代表政府与社会资本共同成立项目公司,负责恩施州来凤县互联网大数据中心 PPP 项目的投融资、建设及运营管理,承担项目建设管理、运营管理、债务偿还等责任。项目公司的资本金为 21214.9 万元,政府出资 4483.25 万元,占股 20%;社会资本出资 16731.65

万元,占股 80%。恩施州来凤县互联网大数据中心 PPP 项目采用 BOT 运作模式,合作期限 20 年,该项目交易的结构如图 9.6 所示。

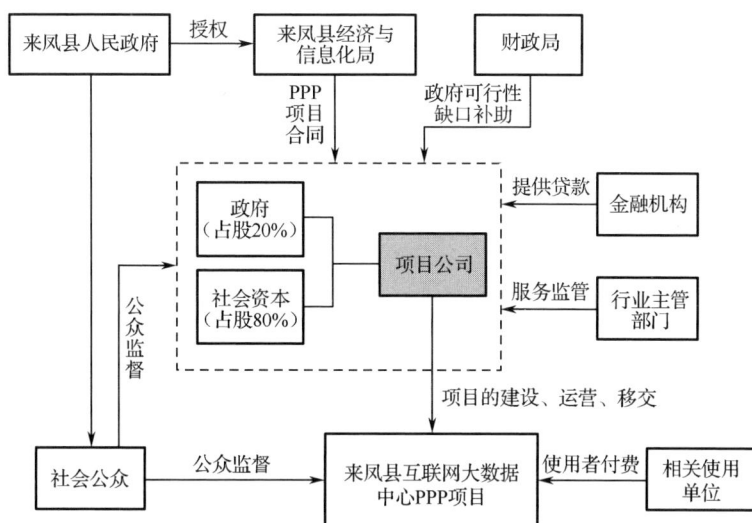

图 9.6　项目交易的结构

在恩施州来凤县互联网大数据中心 PPP 项目所包含的子项目中,有经营性项目和非经营性项目。经营性项目主要由使用者付费承担,当使用者付费不能涵盖全部子项目的建设、运营、维护成本时,缺口部分需要政府予以相应的补贴,因此项目的回报机制为使用者付费+可行性缺口补助。

9.6.3　风险管理

来凤县目前的信息化基础设施较为薄弱,政务办公和城市管理手段都较为传统,所以面临着一系列风险与挑战。在风险识别的基础上,恩施州来凤县互联网大数据中心 PPP 项目按照风险分担、风险与控制力相匹配、风险与收益相匹配,以及风险分担有上限的原则设计了项目风险分担的具体方案,如表 9.6 所示。

表 9.6 项目风险分担的具体方案

序号	风险类型	风险因素	政府承担	社会资本承担	共担风险	风险管理措施
1	政策风险	社会稳定风险	√			在 PPP 项目合同中明确发生此类状况下的各方承担的责任与范围
2		政府干预	√			在 PPP 项目合同中明确政府监管的内容和方法,除规定的内容外,政府不得干预项目公司的事务
3		政府决策失误/冗长风险	√			政府综合考虑对项目的影响程度来制定相关的政策
4		政府换届产生的波动影响	√			提高政府契约精神,在 PPP 项目合同中加强对政府履约的约束机制
5		国有化风险	√			约定国家收回特许权时的补偿机制,以及投资人的救济方法
6	融资风险	融资风险		√		项目公司/社会资本应积极寻找融资方介入 PPP 项目,可通过有限追索权项目或 PPP 产业基金形式融资。PPP 产业基金主要包括投资入股 PPP 项目公司、为 PPP 项目公司提供债券融资以及"投贷结合"三种形式。政府除给予融资政策支持外,中央财政将继续通过现有的渠道统筹安排资金予以支持,地方各级人民政府也应进一步加大此类建设资金的投入
7	建设风险	工期延误风险		√		项目公司可与设备主要供应商签订设备供应合同,并且约定一个相对稳定的设备价格;就运营过程中由火灾、爆炸等引起的设备故障投保相应的设备险
8		设备供应及损坏风险		√		(1)使用尽可能成熟的技术;(2)选择合适的承包商;(3)担保;(4)合同订立严格的奖惩条款
9		建设风险设计失误		√		提前投入设计工作
10		技术风险		√		(1)建筑承包商出具履约担保,期限延续到完工后的几个月甚至几年;(2)固定价格合同中订立更新补贴条款和严格惩罚性条款;(3)做好严格的技术论证

续表

序号	风险类型	风险因素	政府承担	社会资本承担	共担风险	风险管理措施
11	建设风险	工程质量风险		√		严格做好施工质量检查工作,加强管理
12		施工安全		√		投保、加强管理
13		建设成本超支		√		加强成本控制
14		项目中止风险		√		(1)投保;(2)可行性研究和环评;(3)加强管理
15	运营风险	通货膨胀风险			√	政府与社会资本设立合理调价机制
16		政府支付风险	√			(1)明确支付为社会资本的综合补贴来源;(2)建立综合补贴特别账户;(3)按月付费、按年结算
17		管理风险		√		严格运营管理,加强人员培训;定期(3个月/6个月)实施资产完备性检查;投保商业保险
18		运维质量不达标风险		√		(1)优先选择资信状况良好、管理经验丰富的运营商,通过在运营服务合同中预先约定风险分配机制或者投保相关保险来转移风险;(2)确定运营事务交由专业运营商的范围、时间及运营内容;(3)在考虑项目风险分担的问题时,社会资本和政府要合理地分担风险;(4)在一定条件下通过调价机制来控制项目运维风险
19		政府提前终止合作	√			在PPP项目合同中写明对此类事件发生的预案
20	移交风险	移交风险移交资产质量、性能存在缺陷		√		(1)投保;(2)做好设备管理和移交前的恢复性的大修;(3)加强管理
21		社会资本暂停运营		√		在合同中约定政府所给的财政补贴,并规定违约时的处理方法
22	合同风险	合同文本不完善			√	明确协商机制
23	不可抗力	不可抗力风险			√	购买财产一切险、机器停运险等商业保险。
24	法律风险	法律风险	√			明确约定法律、法规、政策变动的风险由政府承担

9.7 湖南省湘潭市"新型智慧城市"PPP项目

9.7.1 项目简介

湘潭市"新型智慧城市"PPP项目于2016年7月发起,是第三批国家级示范项目。该项目计划总投资28.57亿元,其中一期投资约16.77亿元,二期投资约11.80亿元。

湘潭市"新型智慧城市"PPP项目为湘潭市全域范围内的智慧城市建设项目,按照"一套共用的基础设施、一个通用的功能平台、一个统一的指挥中心、一套全程的标准体系、一套全时的安全保障体系、N个深度的智慧应用"的思路进行建设。具体建设内容包括:物联网基础平台,基础地理空间系统平台,大数据中心,智慧政务、智慧警务、智慧交通、智慧城管、智慧教育、智慧路灯、全域智慧旅游、大健康智慧医疗、无线湘潭、智慧征信、城市全能智慧一卡通、智慧充电桩、智慧小屋、电动车分时租赁、智慧停车场、智慧环保、智慧水务等智慧应用系统,新型智慧城市运行指挥中心,以及配套的标准体系和网络安全体系。

9.7.2 投融资模式

经湘潭市人民政府授权,由湘潭市政府政务服务中心作为实施机构,以PPP模式实施湘潭市"新型智慧城市"PPP项目,以竞争性磋商的方式确定北京泰豪智能工程有限公司作为该项目的社会资本和工程总承包商,湘潭市人民政府指定湘潭产业投资发展集团有限公司与社会资本共同出资成立项目公司。湘潭市"新型智慧城市"PPP项目的投资由项目公司筹措,结合目前银行贷款的项目资本金比例要求考虑,目前按照项目总投资的30%来预计项目资金,剩余部分资金可以项目公司为主体,通过银行贷款等融资途径获取。

项目公司的资本金为50310万元,股东认缴情况如下:湘潭产业投资发展集团有限公司代表政府出资17105.4万元,占股34%,北京泰豪智能工程有限公司、中星电子股份有限公司、湘潭创新智慧私募股权基金企业（有限合伙）作为社会资本分别出资 5031 万元、10062 万元、18111.6 万元，分别占股 10%、20%、36%。项目交易的结构如图 9.7 所示。

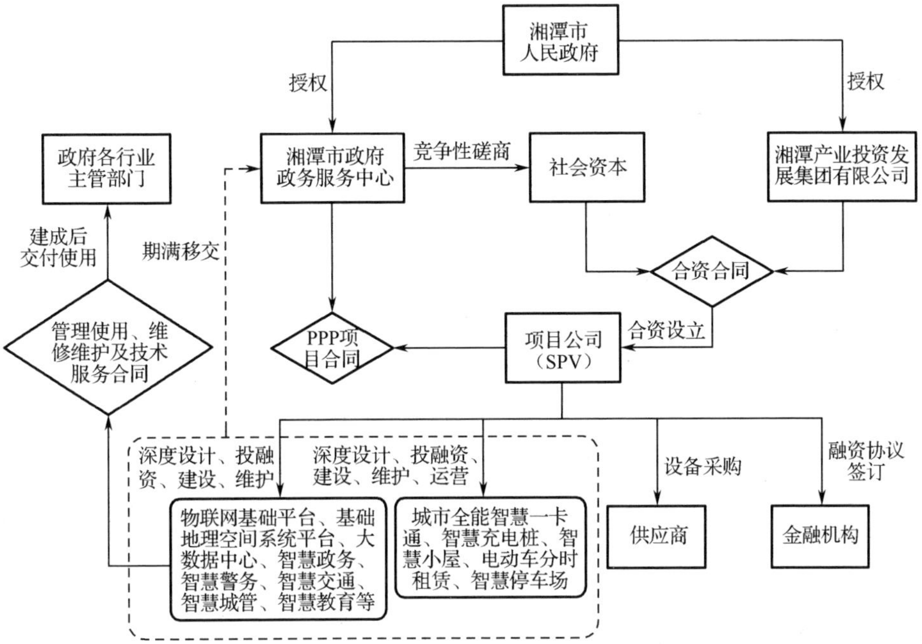

图 9.7　项目交易的结构

该项目采用 BOT 运作方式，合作期为 22 年，回报机制为可行性缺口补助。项目公司根据 PPP 项目合同约定负责组织完成项目的投融资、深化设计、建设、运营及维护工作，并与社会资本签订工程总承包合同，由社会资本负责项目的深化设计和总集成工作。各子项目建设完成后，项目公司仍负责交付各行业主管部门使用的子项目的维护维修、更新升级和重置；子项目拟采用项目公司运营或经营的，项目公司可选择自行运营，或采用与专业运营商成立子公司的方式，由子公司专门负责该部分子项目的运营维护。合作期满后，项目公司应将符合移交条件的所有处于良好运营状态的项目资产无抵押、无负债、无偿、完好地移交给市政务中心或政府指定的其他机构。

9.7.3 风险管理

湘潭市"新型智慧城市"PPP 项目的风险识别按照全面周详、综合考察、科学计算的原则,将风险划分为政治风险、土地征拆与补偿、法律风险、建设风险、运营风险、融资风险、不可抗力风险、经济风险和市场收益风险等九大类,其中政治风险、建设风险、融资风险、运营风险、市场收益风险是该项目面临的主要风险。项目风险分配方案如表 9.7 所示:

表 9.7 项目风险分担的具体方案

序号	风险类型	风 险 描 述	风险分担方式
1	政治和法律风险	不可抗力风险	主要由政府承担
2		项目审批风险	主要由政府承担审批风险带来的损失
3		建设标准和运营要求变更	由于政府导致建设运营标准发生变化的,政府应认可由此导致的总投资变动,或通过调整付费金额等方式对项目公司的运营成本变动损失进行补偿
4	建设风险	设计变更风险	由于政府导致的设计变更风险由政府承担;由于项目公司导致的,由项目公司自行承担
5		方案及设备选型风险	本项目的方案设计、设备采购、软件系统建设均由项目公司负责,该风险由项目公司承担
6		进度滞后风险	项目公司负责本项目的设计和建设。若由于项目公司原因导致建设进度滞后的,风险由项目公司承担
7		投资超支风险融资风险	由政府原因导致投资超资的,政府应对超出部分予以认可;由项目公司导致投资超资的,应由项目公司自行承担
8	融资风险	项目公司融资成本超过预期的风险	由项目公司承担
9		融资资金到位风险	由项目公司承担
10	运营风险	管理风险	针对整个智慧城市系统的维护管理风险,由项目公司承担;涉及不同部门应用间的协调统筹管理的风险,由政府协助项目公司分担
11		设备更新风险	项目公司负责设备的维护和更新,该风险主要由项目公司承担

序号	风险类型	风 险 描 述	风险分担方式
12	运营风险	安全风险	项目公司负责为本项目提供安全保障,该风险由项目公司承担
13	自然风险	包括可保不可抗力风险、不可保不可抗力风险、自然环境破坏风险、环境标准提高风险等	主要由政府承担,项目公司在合理的范围内共同分担
14	经济风险	包括利率风险、汇率风险、市场风险、通货膨胀风险等	通货膨胀风险可通过调价机制由双方共同分担,其他经济风险主要由项目公司自行承担
15	最低需求风险	最低需求低于预期、经营性收益不足以覆盖投资回报等风险	经营性收益不足以覆盖投资回报的风险主要由政府方承担

9.8 湖南省湘西州凤凰县智慧城市建设 PPP 项目

9.8.1 项目简介

湘西州凤凰县智慧城市建设 PPP 项目于 2017 年 1 月发起,是第四批国家级示范。该项目计划总投资 200971.93 万元,采用整体打包、分期推进的方式实施。具体分三期进行,其中一期工程的建设期为 1 年,二期工程和三期工程根据需求陆续开展。

(1)一期工程:云数据中心工程、大数据平台工程、地理信息共享平台工程、市民服务门户工程、智慧政务工程、智慧交通工程、智慧旅游工程、智慧教育工程,共 8 项建设内容。

(2)二期工程:政府服务热线平台工程、城市运行管理中心工程、智慧应急工程、平安城市工程、智慧生态工程、智慧林业工程、智慧城管工程、智慧食药监工程,共 8 项建设内容。

(3)三期工程:智慧诚信工程、智慧医疗工程、智慧社区工程、市民一卡通工程、电子商务工程、智慧农业工程、智慧康养工程、智慧园区工程,共 8 项建设内容。

9.8.2　投融资模式

湘西州凤凰县人民政府授权凤凰县经济和信息化局作为本项目的实施机构，并指定凤凰县展凤投资有限责任公司作为政府出资代表与中标的社会资本共同出资组建项目公司，由项目公司负责项目的投融资、建设、运营维护和更新升级等工作。项目公司的注册资本金为 10000 万元，其中，凤凰县展凤投资有限责任公司代表政府方出资 2000 万元，占股 20%；北京中电兴发科技有限公司作为社会资本出资 8000 万元，占股 80%。项目交易的结构如图 9.8 所示。

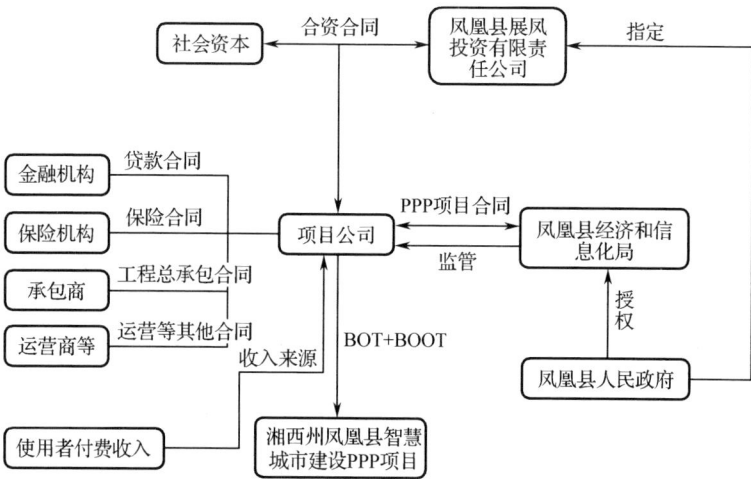

图 9.8　项目交易结构示意图

湘西州凤凰县智慧城市建设 PPP 项目采用 BOT+BOOT 运作模式，合作期限为 20 年，回报机制采用使用者付费模式，项目公司通过运营智慧旅游、智慧停车、智慧医疗、智慧社区、电子商务等多个子项目，向个人、商家、企业和职能部门等收取服务费用，从而获得经营收入。经测算，项目经营收入可以完全覆盖项目全生命周期的建设运营成本及合理收益。

9.8.3　风险管理

湘西州凤凰县智慧城市建设 PPP 项目从融资风险、市场风险、建设风险、运营风险、财务风险、政治风险、法律风险和不可抗力风险等方面对项目风险进行分担，并提出相应的风险应对措施。项目风险分担的具体方案如表9.8所示。

表9.8 项目风险分担的具体方案

序号	风险类型	风 险 因 素	政府承担	社会资本承担	风险管理措施
1	融资风险	筹资不足	√	√	要求所有的标书有完整的文件证明，有最低的资金投入，且容易实现的融资条件；政府应严格审查各环节设计方案等
2		融资成本过高		√	选择有较强融资实力的社会资本
3		追加融资		√	在融资及计划中，加大备用股本资金和备用债务资金
4	市场风险	利率及汇率风险		√	选择有较强融资实力的社会资本
5		通货膨胀		√	将收费与通货膨胀率挂钩
6	建设风险	系统配置未统一、兼容性不强		√	项目公司在分期建设每个子项目之前，应充分考虑各子项目之间系统配置的兼容性，合理选择技术和设施设备
7		超出预算		√	固定工程总承包（EPC）价格
8		工期超过计划		√	在工程合同条款中进行约束
9		工程技术风险		√	采用成熟技术，加强设计审查
10		劳务纠纷		√	在工程合同条款中进行约束
11		工地安全		√	出台安全管理制度
12	运营风险	运营管理不善		√	聘用有经验的运营商
13		价格上涨		√	在调价公式中采用价格补偿机制
14		服务质量不达标		√	设置合理的绩效考核机制，对运营商进行合理监管
15		信息平台稳定性差、用户体验效果不佳		√	不断优化信息平台的技术和设备设施配置
16		核心技术安全风险		√	聚集公司高科技人才，在必要时可联合专业科研机构的研发力量，深入研究智能设备、异构网络、云计算平台、数据海等安全保护的关键性技术
17		信息空间安全风险		√	在深入研究智能设备、异构网络、云计算平台、数据海等安全保护的关键性技术之外，加强对整个信息系统的监管，实时监测系统是否存在高危漏洞问题

序号	风险类型	风 险 因 素	政府承担	社会资本承担	风险管理措施
18	运营风险	数据安全风险		√	注重人才的道德品行，制定严格数据保密制度，同时注重先进技术的开发，防范黑客和病毒入侵等
19		维护费用上涨		√	固定运行维护合同的总价
20		市场需求不足	√	√	鼓励通过广告、活动策划、用户体验等宣传手段提高产品知名度，吸引消费者
21		行业信息产品全生命周期相对短，技术更新换代速度较快		√	采用最新的技术，在项目建成后，时刻关注信息化领域发展动向，并根据实际的需要，合理改进原有技术
22		环境保护		√	在协议中要求项目建设、运营遵守环保法规规定；因环保问题所产生的损失、费用等，根据规则原则，由过错方承担风险
23	财务风险	偿债能力不足		√	选择有较强资金实力和融资实力的社会资本项目资金
24		流动性风险		√	选择有较强资金实力和融资实力的社会资本
25		公司破产		√	选择有较强资金实力和融资实力的社会资本
26	政治风险	税收政策的变更	√	√	采用直接或间接补偿机制
27		通用法律变更	√	√	采用直接或间接补偿机制
28		项目收归国有	√		采用直接或间接补偿机制
29		项目无偿没收	√		采用政治风险保险/担保
30	法律风险	合同文件冲突	√	√	先进行协商，若协商不成则进行争议解决程序
31		第三方违约	√	√	按合同违约处理
32		设施所有权	√		履行合同责任
33	不可抗力	自然灾害	√	√	制定应急措施减小损失，通过保险等方式转移风险
34		政治不可抗力	√	√	采用政治风险保险/担保

9.9　福建省泉州市公安智能交通系统工程（一期）PPP 项目

9.9.1　项目简介

泉州市公安智能交通系统工程（一期）PPP 项目于 2016 年 5 月发起，是第三批国家级示范项目。该项目涉及新建项目和存量项目，计划总投资 13911.82 万元，其中新建项目总体架构为一个中心、五大平台和多项系统工程。

（1）一个中心：公安交通管理控制中心。

（2）五大平台：智能交通管控平台、交通大数据分析研判平台、交通信息服务平台、交通管控仿真平台和系统运维管理平台。

（3）多项系统工程：交通基础工程、交通地理信息系统、交通指挥调度系统、交通信号控制系统、高点视频监控系统、路口违章行为抓拍系统、机动车不礼让行人抓拍系统、公交专用车载抓拍系统、交通流信号采集系统、交通事件监测系统、交通信息发布及诱导系统、交通视频综合管理系统等。

泉州市公安智能交通系统工程（一期）PPP 项目的合作范围主要包括新建项目的投资建设维护、已建项目的维护及项目运营服务等。项目维护主要包括新建项目和已建项目设备系统（含配套交通基础设施）的日常维护，其中已建项目的维护范围为交通监控、电子警察设施、交通信号灯和交通基础设施（如标志标线、护栏等交通设施）。项目运营服务主要包括公安交通指挥集成平台服务、交通信号配时优化服务、交通调查与分析服务、档案管理服务和应急保障等方面运营服务。

9.9.2　投融资模式

泉州市政府采用 PPP 模式实施该项目，并通过竞争择优选择社会资本，由社会资本独资成立项目公司。2017 年 10 月，泉州市交警支队代表政府与南威软件有限公司签订 PPP 项目合同。项目公司的注册资本金 4000 万元，南威软件股份有限公司出资 4000 万元,占股 100%。项目公司的全部资金仅限用于项目建设和运营维护。项目交易的结构如图 9.9 所示。

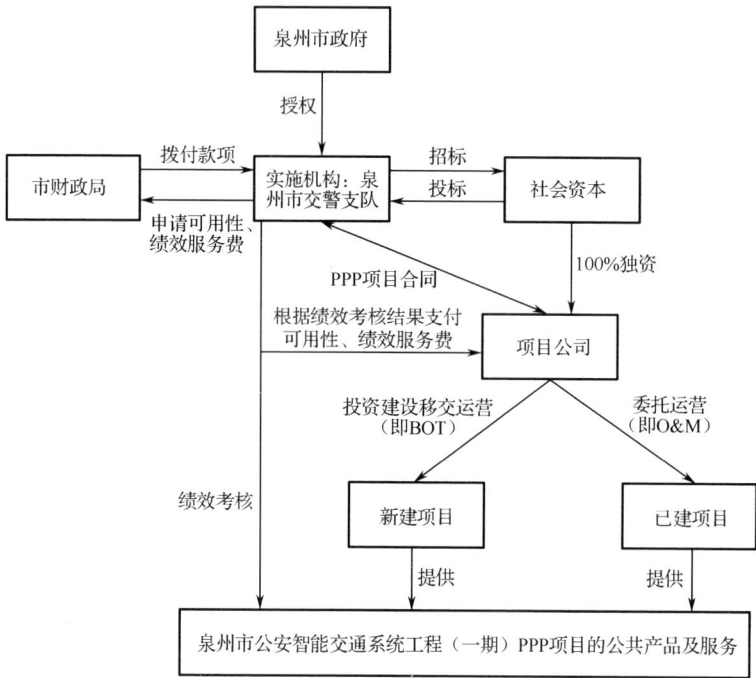

图 9.9 项目交易的结构

泉州市公安智能交通系统工程(一期)PPP 项目对新建项目采用 BOT 运作模式,对已建项目采用 O&M 运作模式,项目合作期限 11 年。该项目为非经营性项目,回报机制为政府付费。项目公司负责项目设计并提供符合标准和要求的公安智能交通系统的相关产品及服务,泉州市政府根据绩效评价给予社会资本合理回报。对于新建项目,政府根据项目公司提供的公共产品的可用性以及为维持公共产品的可用性所需的运营维护服务进行付费;对于已建项目,政府根据项目公司提供的维持已建项目可用性所需的运营维护服务进行付费。

9.9.3 风险管理

泉州市公安智能交通系统工程(一期)PPP 项目实施周期较长,涉及的利益相关方较多,社会影响面较大,全面识别和妥善处理项目全生命周期中的各种风险是实现项目落地、维护公共利益的重要保障。具体的项目风险分担方案如表 9.9 所示。

表 9.9　具体的项目风险分配方案

序号	风险类型	风险因素	风险解释	风险分担方	风险应对措施
1	政治风险	政府干预	政府过度干预项目内部的管理事务	政府	社会资本在确认 PPP 项目合同时需明确政府在参与事务中的参与时间点和方式，且在争议解决/赔偿机制等相关条文中涉及该项风险
2		征用/公有化	因为政治原因被政府征收	政府	在 PPP 项目合同中明确政府选择终止的处理方式
3		政府信用	政府依靠其手中权力、优势不履行或拒绝履行合同中约定的条款和义务	政府	在 PPP 项目合同中明确政府违约的情形
4	市场风险	招标竞争不充分	项目缺乏市场响应度	政府	采用公开招标方式进行招标
5	法律风险	法律变更	已发生或即将发生的法律变更对项目的正常运营产生影响	共同分担	根据法律变更是否由本级政府颁布，区分政府可控和政府不可控的法律变更后果。对于本级政府可控的法律变更风险，由政府承担风险；对于本级政府不可控的法律变更风险，由双方共同分担。任何一方可致函对方，表明法律变更对其可能造成后果。泉州市公安智能交通系统工程（一期）PPP 项目的财政承受能力论证报告提出了实施变动的具体方法，双方应在可能的情况下尽快进行讨论并达成一致意见
6		税收调整	国家对本项目税收政策的调整	社会资本	在 PPP 项目合同中明确税收政策的调整情形
7	经济风险	利率风险	利率的波动会直接或间接影响融资的成本和项目的价值，使项目面临收益损失的风险	社会资本	社会资本可以通过相应的金融工具来规避利率风险

序号	风险类型	风险因素	风险解释	风险分担方	风险应对措施
8		通货膨胀	通货膨胀幅度过大会影响正常的经济秩序，随之会出现诸如价格上涨、利率提高等情况	社会资本	在调价公式中设置相应的调整系数
9	合同风险	合同文件冲突/不完备	在项目签订合同时，考虑不周全、完备，导致后期项目不能正常运行	共同分担	在PPP项目合同中明确签订协议变更、补充协议相关内容
10	自然风险	不可抗力风险	不能预见、避免并克服的风险	共同分担	在PPP项目合同中需要对不可抗力风险做出明确定义，在无法通过技术、经验、预先判断或者小心对待等方式来规避不可抗力事件时，应采取相应的措施
11	融资风险	融资风险	项目不被金融机构看好，资金来源困难、项目公司融资能力不高、金融市场条件不理想和融资成本高	社会资本	要求项目公司或社会资本做出融资手续完成保证，此外政府可以在PPP项目合同中明确社会资本完成融资工作的期限，并交付所签署的文件复印件及其相关证明文件
12		项目审批延误	项目在建设前要经历很多审批程序，如果不能及时拿到审批许可，则会影响项目的完工时间	政府	可以在PPP项目合同中明确要求政府协助项目公司完成相应的审批程序
13		建设/运营变更	项目公司有权对已经获批准的项目建设/运营设计提出变动，在变更过程中或变更后会产生风险	社会资本	双方在PPP项目合同中应该明确对建设和运营变更的通知、答复、确认、批准实施等流程及期限
14	建设风险	完工风险	该风险是项目最普遍的风险，项目推迟完工日期意味着项目公司会增加利息支出，提高机会成本，以及减少运营期	社会资本	项目公司可以通过分包等方式将完工风险转移到专业的建设单位或运营维护单位
15		技术风险	主要指项目建设技术及项目在建设过程中引起的相关风险	社会资本	在项目前期选择最为合适的技术方案，并在PPP项目合同中对所选用的方案、应遵循的技术规范和要求等技术细节进行明确的规定

序号	风险类型	风险因素	风险解释	风险分担方	风险应对措施
16	运营风险	社会资本能力不足	项目公司发生债务危机、未按时完工、没有按照 PPP 项目合同规定运营	社会资本方	在 PPP 项目合同中应明确规定项目公司违约事件的范围，以及发生这些违约事件后政府应该采取措施，如通知、答复、处理等措施
17		运营成本超支	缺乏全过程的成本控制，尚未形成合理的成本控制体系，从而使项目运营成本超支	社会资本方	在 PPP 项目合同中应明确说明政府有权对项目公司的经营成本进行监督，并对其经营状况评估
18		费用支付风险	未建立规范的支付机制，导致费用支付无法得到保证	政府方	在 PPP 项目合同中应明确费用支付的时间和延期责任
19		公众反对	项目的建设或运营引起公众反对	政府方	在 PPP 项目合同中明确政府终止项目时的赔偿责任关系
20	关系风险	第三方延误	政府或社会资本聘请的第三方失误，可能会使项目不能完工或者正常运行	共同承担	在 PPP 项目合同中应明确规定双方在建设、运营、维护过程中与所规定的规范、标准严重不符时，有权进行或令第三方进行纠正，有权就延误或违约向第三方索赔
21		社会资本变动	项目公司股本发生变化，有可能对项目持续稳定推进产生风险	社会资本方	在 PPP 项目合同中应明确规定未经政府部门的事先书面同意，项目公司不得转让其在 PPP 项目合同中的全部或部分权利或义务

9.10 内蒙古自治区阿拉善盟智慧阿拉善（一期）项目

9.10.1 项目简介

阿拉善盟智慧阿拉善（一期）项目于 2016 年 1 月发起，是第四批国家级示范项目和第四批省级示范项目。阿拉善盟智慧阿拉善（一期）项目的设计共分为三期，其中一期项目的总投资额为 34263.62 万元，二期项目和三期项目的具体建设范围与内容将根据规划设计由双方另行约定。阿拉善盟智慧阿拉善（一期）项目的建设内容可分为两类工程；

（1）以阿拉善盟智慧阿拉善（一期）项目的基础体系建设为主，包括项目所需的相关配套数据中心、软/硬件系统、基础系统和核心系统，完成平台及系统架构的搭建，建设城市综合治理信息化云平台、应急指挥平台、公共服务平台和城市管理服务等应用系统平台，提供一系列便民服务，构建阿拉善盟智慧阿拉善（一期）项目的基础体系。

（2）在阿拉善盟智慧阿拉善（一期）项目基础体系的基础上，实现基于"互联网+"的智慧应用项目叠加，包括智慧交通、智慧城管、智慧医疗、智慧社区、智慧气象、智慧文化等内容的应用体系建设。通过建设大数据中心、公共信息基础平台及智慧应用，以及盟本级应急指挥中心工程，建成阿拉善盟电子信息共享平台，并为项目涉及的阿拉善盟各局委办、社会公众以及阿拉善盟智慧阿拉善（一期）项目提供安全、可靠、准确的电子信息、图像采集、数据共享等网络共享服务，同时提供电子信息资源开发支撑服务，并提供所有软/硬件产品及运维服务和技术保障。

9.10.2　投融资模式

阿拉善盟智慧阿拉善（一期）项目由阿拉善盟行政公署办公厅发起，阿拉善盟行政公署办公厅负责项目前期立项、各行业主管部门协调、采购阶段文件审批及其他组织协调工作。2017 年 5 月，阿拉善盟行政公署办公厅与社会资本（云赛智联股份有限公司）签订 PPP 项目合同。阿拉善盟行政公署办公厅授权阿拉善盟文化旅游投资开发有限责任公司作为项目的政府代表，在 PPP 项目采购活动结束后由阿拉善盟文化旅游投资开发有限责任公司代表政府与云赛智联股份有限公司成立项目公司。项目公司股权结构为：由政府出资代表参股 30%，社会资本控股 70%。项目交易的结构如图 9.10 所示。

阿拉善盟智慧阿拉善（一期）项目采取 BOT 运作模式，合作期为 13 年。阿拉善盟文化旅游投资开发有限责任公司在项目公司中只参股不控股，保障项目公司正常运转，避免出现重大安全事件及其他引起社会重大稳定事故。由项目公司负责本项目的投融资、建设、运营、维护管理等工作，通过政府付费的方式收回投资者成本并获得合理利润。合作期满后，将项目所有资产（包括有形固定资产及无形专利、技术、资料等）无偿移交至阿拉善盟行政公署办公厅或其指定接收单位。

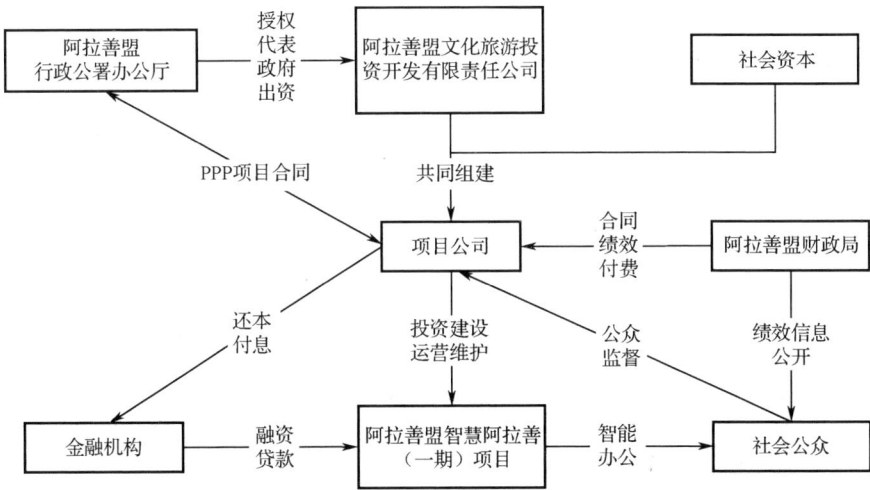

图 9.10　项目交易的结构

9.10.3　风险管理

阿拉善盟智慧阿拉善（一期）项目识别出建设风险、运营风险、融资风险、法律变更和政府行为风险、不可抗力风险、外部协作风险承担风险、利率风险七类风险，在项目主体之间合理分担项目风险，有利于项目的顺利实施与可持续运营。具体的项目风险分担方案如表 9.10 所示。

表 9.10　具体的项目风险分担方案

序号	风险类型	政府承担	社会资本承担	共担风险	备　注
1	建设风险		√	工程地质风险可由双方共同承担	如工程质量、工期延误、分包违约等
2	运营风险		√	监管不力可由双方共同承担	如管理水平能力不足、运营成本超支等
3	如期完成项目融资风险		√		如非本级政府可控的政策调整等
4	法律变更和政府行为风险	√			

序号	风险类型	政府承担	社会资本承担	共担风险	备 注
5	不可抗力风险			√	如自然、社会等不可抗力事件
6	外部协作风险	√			如交通、供水、供电等
7	利率风险			在一定幅度内时由项目公司承担，调整超过一定幅度时由政府承担	

9.11 新疆维吾尔自治区数字阿克苏地理空间数据服务平台建设 PPP 项目

9.11.1 项目简介

数字阿克苏地理空间数据服务平台建设 PPP 项目于 2017 年 2 月发起，是第四批国家级示范项目，总投资额为 88632.11 万元，项目建设内容包括 4 个方面：

（1）大比例尺测绘：对阿克苏地区的八县一市共 12.78 万平方千米的大比例尺测绘工作，包括各县（市）主城区，村庄、道路、河流、农用地、林地等农区，以及山区荒漠等区域。

（2）阿克苏地区大比例尺测绘大数据中心：占地面积不少于 60 亩，建筑面积不少于 18000 m^2（含土建、机房、服务器、存储、交换机、PC 终端等）。

（3）中心数据库：包括基础地理信息数据库和国土资源"一张图"专题数据库。

（4）地理信息公共平台及应用系统：包括国土资源"一张图"共享服务平台、三维仿真系统、不动产登记信息综合管理平台、国土资源综合监管系统、地名地址综合服务管理系统、地质项目管理系统、地质信息协同服务系统、地质环境与地质灾害预警预报系统、科技管矿系统、农用地分等信息管理系统、地价监测与土地市场评估预警系统、土地质量地球化学调查与评价管理系统、土地整治信息管理系统、档案管理系统、八县一市应用系统建设等。

9.11.2 投融资模式

数字阿克苏地理空间数据服务平台建设 PPP 项目建设采用 PPP 模式，阿克苏地区行政公署授权阿克苏地区国土资源局作为项目实施机构，通过公开招标采购程序选定社会资本。2019 年 1 月，阿克苏地区国土资源局与中冶集团武汉勘察研究院有限公司、中科遥感科技集团有限公司、阿克苏天兴瑞勘信息产业发展基金（有限合伙）签署 PPP 项目合同。按照合同约定，中选的社会资本与政府授权出资方代表合资成立项目公司，负责筹集资金完成建设，并负责数字阿克苏地理空间数据服务平台建设 PPP 项目的整体运维与管理。项目公司的注册资本金为 17600.00 万元，其中政府出资 1760.00 万元，占股 10%；社会资本出资 15840.00 万元，占股 90%。数字阿克苏地理空间数据服务平台建设 PPP 项目建设所需的剩余资金由项目公司通过债务性融资或其他融资方式获得。项目交易的结构如图 9.11 所示。

数字阿克苏地理空间数据服务平台建设 PPP 项目采用 BOT 运作模式，项目公司主要依靠数据加工处理、提供信息服务的经营收入来覆盖投入，差额部分由实施机构通过可行性缺口补助的方式来补贴。数字阿克苏地理空间数据服务平台建设 PPP 项目的合作期为 30 年，合作期满后项目公司将数字阿克苏地理空间数据服务平台建设 PPP 项目的资产及相关权利等完整无偿移交给政府或政府指定的机构。

9.11.3 风险管理

数字阿克苏地理空间数据服务平台建设 PPP 项目在对应用 PPP 模式过程中可能存在的风险进行系统、连续识别与归纳的基础上，建立合理的风险分担方案和有效的激励相容机制。具体的项目风险分担方案如表 9.11 所示。

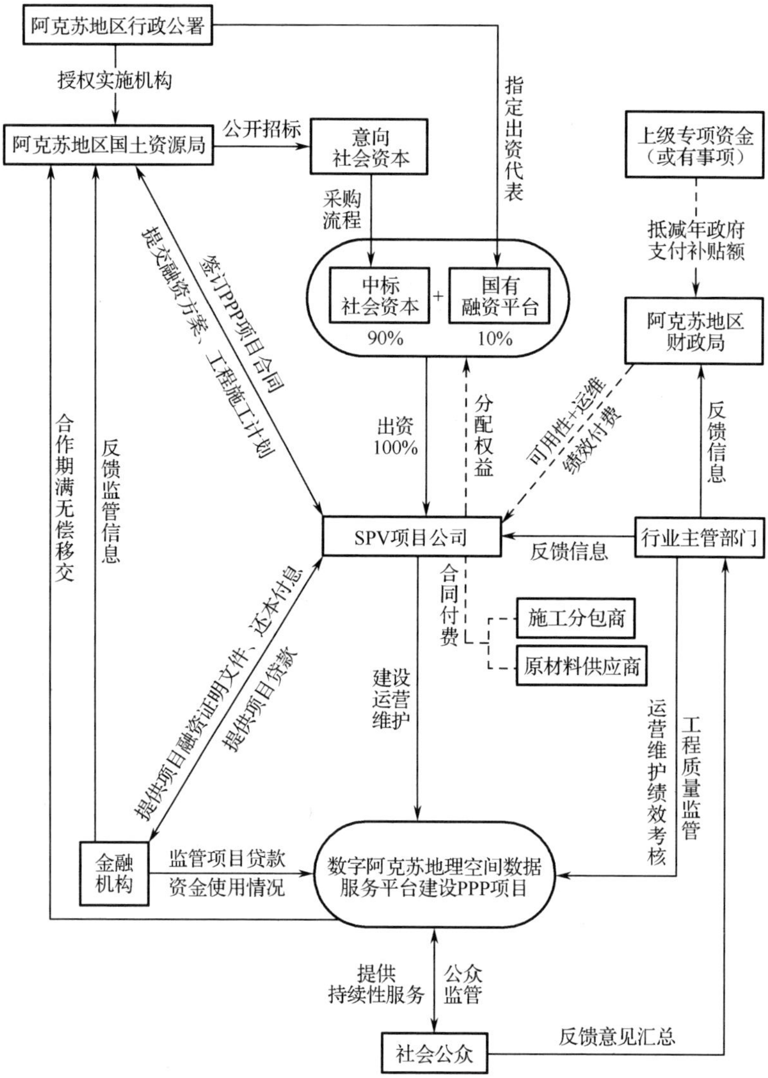

图 9.11　项目交易的结构

表 9.11 项目风险分担的具体方案和防范应对措施

序号	风险类型	风险因素	政府承担	项目公司承担	共同分担	防范应对措施
1	政治、政策、法律风险	本级政府可控的政策、法规变更	√			（1）在合同中约定由公共政策及法律变化风险引起的损失的合理分担规定；（2）实施机构积极协调规划、国土、环保、建设等部门，及时提供相应的前期批复和配套责任；（3）在合同中设置争议解决条款，并明确救济机制、途径和方式
2		本级政府不可控的政策、法规变更			√	
3		审批和许可获得延迟（政府方可控）	√			
4		审批和许可获得延迟（社会资本方因素）			√	
5		政府信誉（支付）	√			
6		土地使用权获取	√			
7		合同文件冲突			√	合同双方加强守法意识，切实履行合同责任；建立畅通的沟通和协调机制
8	建设风险	获得融资		√		（1）选择有较强融资能力的社会资本；（2）如项目公司无法完成无追索权融资，则由项目公司的股东提供必要的担保或增信支持（包括但不限于信用担保、资产抵押等）；（3）基准中长期贷款利息或融资成本变化在15%以内，风险自担，超过部分由政府补贴（升息过高）或扣减财政补贴（降息过多）
9		融资成本过高（超过一定范围）			√	
10		拆迁、安置与补偿			√	拆迁安置风险由政府方承担，补偿费用由社会资本方承担
11		设计不当、变更引起的成本上升或工期延长	设计、变更方承担			（1）委托有设计资质的单位进行项目设计；（2）委托有施工资质的单位进行施工，与承包商签订一个固定价格、固定工期的"交钥匙"合同，将工程费用超支、工期延误、工程质量不合格等风险转移给承包商；（3）聘请有资质的监理机构对项目建设进行监督；（4）科学制定施工方案、招投标方案；（5）合理选择施工时间，文明施工、安全施工；（6）对不可控风险，可通过购买保险进行转移；（7）工程延误由过错方承担责任
12		考古和历史文物保护引起的成本上升或工期延长	√			
13		地质条件发生重大变化	视情形，政府方承担或双方共同承担			
14		施工技术不当		√		
15		分包方违约		√		
16		劳动争端、罢工等		√		
17		安全、环境、健康		√		
18		工期延误	各方各自承担			

续表

序号	风险类型	风险因素	政府承担	项目公司承担	共同分担	防范应对措施
19	运营维护风险	市场或收益风险			√	主要用户是政府部门和国有企事业单位等,故政府承担一定最低需求风险,但不给予固定回报,设置经营绩效考核
20		管理不善		√		
21		服务质量不好		√		
22		维护不到位		√		
23		运维成本超支		√		(1)加强项目管理、明确服务质量标准;(2)量化绩效考核管理办法,强化运维安全风险意识;(3)对于不可控风险,可通过购买保险进行转移;(4)建立合理的违约条款
24		可行性缺口补助	√			
25		劳动争端、罢工等		√		
26		安全、环境、健康		√		
27		移交时资产存在缺陷		√		
28		意外责任风险		√		
29	其他风险	不可抗力			√	(1)制定应急措施,减小损失;(2)通过购买保险等方式转移风险
30		剩余风险			√	
31		极端恶劣天气风险			√	
32		季节性天气风险		√		

9.12　本章小结

　　综观我国智慧城市 PPP 项目的实践,智慧城市试点逐步从中部和东部区域扩展到西南、西北等地区,越来越多的二三线城市表现出了建设智慧城市的热情。本章通过分析 11 个入选财政部 PPP 项目库的智慧城市国家级示范项目,为智慧城市推广应用 PPP 模式和加强风险管理提供了借鉴与参考。在智慧城市的建设过程中,项目实践推动智慧城市 PPP 理论的完善,理论研究促进了智慧城市 PPP 项目实践,智慧城市项目应用 PPP 模式便是一个实践产生理论、理论引导实践的过程。

总结展望篇

  智慧城市代表了城市信息化的高级形态，体现了城市经济、社会发展的新理念。智慧城市愿景为智慧城市的战略目标提供了指引，进而影响智慧城市建设中的资源配置行为。本篇总结全书，提出智慧城市投融资与风险管理策略建议，展望未来新型智慧城市的发展方向和研究重点。

第 *10* 章

总结与展望

PPP 项目组织应建立或遵循一套风险管理模式，用来全面识别、科学评估、准确测量、合理应对并披露重大风险，以增加项目的整体价值，维护利益相关方的权益。本章总结全书的研究成果，按照 PPP 项目风险管理的原则，提出基于系统观的 PPP 项目风险管理模式，在智慧城市 PPP 项目层面提出风险管理的策略建议。

10.1 主要结论

在我国大力推广重点领域 PPP 模式、推进政府和社会资本合作规范发展的政策背景下，本书的研究成果对促进智慧城市 PPP 项目规范运行、防范和化解 PPP 项目风险具有重要的意义和作用。

（1）阐述了智慧城市、PPP 模式及风险管理的概念、内涵和理论方法，对国内外研究进展和发展脉络进行了综述，论证了智慧城市项目应用 PPP 模式的理论可行性；基于公共产品、项目区分、民营化等理论对智慧城市的产品特征、经营属性进行了界定，提出了 TOP 分类方法，给出了可采用 PPP 模式的智慧城市 PPP 项目范围，主要包括智慧城市信息基础设施、智慧共用平台，以及部分智慧应用系统。

（2）按照风险分解结构，将 PPP 项目风险分解为环境风险、与项目自身相关的风险和与项目合作方相关的风险。通过设计一个包含 80 个风险因素的智慧城市 PPP 项目风险调查问卷，从中筛选出了 20 个关键风险因素（CSF），主要包括建设和监理单位选择不当、配套基础设施不到位、项目建设及监理招标不合法、项目建设相关审批延误、不满足建设标准和要求、质量不合格、建设成本超支、技术风险、系统迁移或连接风险、工期和进度延误、承包商或分包商违约、项目运营审批手续延误、运营维护成本过高、运营效率低下、信息安全风险、运营能力不足、设施设备供应不足、项目不具有唯一性、政府过度干预项目建设、运营量和需求不足等。

（3）从系统的观点来看，PPP 项目的风险特性主要取决于系统的内部结构，在项目开发、建设和运营等阶段呈现出不同的特征，当外部环境和内部条件发生变化时，PPP 风险的输出结果也会随之改变。为了揭示智慧城市 PPP 项目风险形成和累积的内在机理，构建了 PPP 项目系统动力学模型，结合智慧城市 PPP 项目典型案例进行了仿真模拟，分析了现金流量、净现值、利息保障倍数等随项目全生命周期变化的行为模式，可用于挖掘关键影响因素或敏感因子。

（4）针对智慧城市 PPP 项目风险因素的影响关系及所引起的后果得不到确切表示、风险损失难以量化等问题，引入了模糊影响图算法，用于描述风险因素的影响关系及所引起的后果，对智慧城市 PPP 项目典型案例进行了风险评价。研究结果表明：所选案例的合作风险水平较低，主要得益于该项目的运作模式以及有效的风险管理，这与该项目当前的实际运行情况是相符的。模糊影响图算法减少了传统计算方法赋单一值的主观性，能够对定性风险因子进行定量化运算，为智慧城市 PPP 项目风险评价提供了一种科学方法。

（5）鉴于 PPP 项目参与主体合作性和风险因素的不确定性，基于随机合作博弈构建了 PPP 项目风险分担比例决策模型，以风险分担量和风险收益平衡的原则设计了风险分担机制，结合智慧城市 PPP 项目典型案例分析了风险转移和风险分担的方式。基于随机合作博弈模型的 PPP 项目风险分担方案将各参与主体视为一个合作联盟，这一联盟既可以实现联盟效用最大化，又能保证个体效用高于独自行动时的效用，对风险分担的合理化具有指导作用。

10.2 策略建议

智慧城市 PPP 项目风险管理是一个动态的闭环控制系统，应强调风险管理的系统观，需要建立一种跨风险类型集成、覆盖全生命周期、面向多利益主体的风险管理模式。

10.2.1 重构跨风险类型的集成风险管理框架

从智慧城市 PPP 项目的风险要素角度来看，PPP 项目的风险管理既要考虑政治、法律、经济、社会等宏观风险，也要考虑项目自身的融资、设计、建设、运营、维护、移交等风险，以及微观层面的合作风险。

从当前 PPP 项目风险管理现状来看，以上风险因素大都纳入了风险管理的范畴。然而，由于以上风险并不是孤立的，各种风险因素之间存在着复杂的相互影响关系，一个风险的发生可能会引发其他风险，进而出现连锁反应，甚至导致项目失败。系统风险通常占据主动地位或处于更高的层次，系统风险的发生会引发非系统风险或者加大非系统风险的发生频率及危害程度。例如，由于法律和监管体系不完善引起的政府干预风险会引发项目的完工风险，如成本超支、进度拖延等风险；而完工风险会进一步影响运营风险，造成项目运营质量低下或运营成本超支等风险。因此，有效的风险管理不仅需要考虑风险应对措施的有效性，还要考虑风险因素之间的相互影响关系。

就智慧城市 PPP 项目而言，有必要重构跨风险类型的集成风险管理框架，即立足于智慧城市 PPP 项目整体价值目标，统筹考虑所有的风险类型，关注关键的风险因素，分析风险之间的影响关系，整合运用各种风险管理方式，实行相应的战略以管理和控制这些风险。跨风险类型的集成风险管理框架能够将智慧城市 PPP 项目资源（如信息、技术、人力资源等）联合起来，以确保项目整体目标的实现，以及各种策略之间的相互协调。

10.2.2 建立覆盖 PPP 项目全生命周期的风险管理体系

PPP 项目的全生命周期包括项目识别、项目准备、项目采购、项目执行（融资、建设、运营）和项目移交等阶段。项目风险存在于并可能在任何阶段发生，风险管理的内容应覆盖 PPP 项目的全生命周期。

（1）项目识别。该阶段主要任务是发起并筛选适合采用 PPP 模式的智慧城市项目。在项目识别阶段的风险主要体现为不恰当的项目选择，或者不充分的前期论证。财政部印发的《政府和社会资本合作项目财政承受能力论证指引》《PPP 物有所值评价指引（试行）》为防范或降低项目识别阶段的风险提供了科学依据。因此，在项目识别阶段，风险管理的重点是进行科学的物有所值评价和充分的财政承受能力论证。

（2）项目准备。该阶段主要任务是组建项目实施机构，组织编制项目实施方案并进行审核。从实施方案的编制来看，由于实施方案内容包括风险分担基本框架、项目运作模式、交易结构、合同体系、监管架构、采购方式等，风险主要体现为项目设计风险。从项目立项的角度来看，项目准备阶段的风险主要是实施方案未通过物有所值和财政承受能力验证。因此，项目准备阶段的风险管理重点是加强组织协调和检查督导工作，简化审批流程、提高工作效率。

（3）项目采购。该阶段主要任务是在完成项目识别阶段和项目准备阶段的前期工作后，通过公开招标、邀请招标、竞争性谈判、竞争性磋商和单一来源采购等方式，依法选择社会资本。项目采购阶段的风险主要体现为未达成采购项目或者选择了不恰当的供应商。因此，项目采购阶段风险管理的重点是保证项目采购方式的合理性，以及采购过程的规范性，特别是采购评审过程的公正、客观和透明公开。

（4）项目执行。该阶段主要任务是设立项目公司，完成项目融资并开展项目建设、项目运营等活动。项目执行阶段的风险主要体现为未完成融资交割、建设工期延误、成本超支、产出未满足要求、运营收入不足或政府补贴不到位等。项目执行阶段风险管理的重点是加强监督检查，避免出现重大经营或财务风险，严格控制政府财政风险。

（5）项目移交。该阶段主要任务是由项目实施机构或政府指定的其他机构代表政府收回项目合同约定的资产。项目移交阶段的风险主要表现为项目资产不满足性能测试要求、移交资产不全或移交手续不规范等。项目移交阶段风险管理的重点是明确约定移交形式、补偿方式、移交内容和移交标准，并对项目产出、成本效益、监管成效、可持续性、政府和社会资本合作模式应用等进行绩效评价。

概括来说，智慧城市 PPP 项目风险最大的不确定性在项目前期，这是由于决策者对项目的了解和认知还很缺乏，决策的依据建立在不够精确的预测和分析评估的基础之上。智慧城市 PPP 项目在项目执行阶段的风险仍然很高，如果未满足完工标准或产出要求，就无法实现项目预期的现金流，必然危及贷款的偿还，给项目投资者带来损失，也无法为社会提供公共产品和服务。项目执行阶段是智慧城市 PPP 项目风险的一个分水岭，项目开始依靠自身的现金流量和资产，面临的不确定性主要集中在市场、运营和财务等方面。

10.2.3　形成面向多方利益主体的风险管理机制

PPP 项目的运营效率和效果，以及政府物有所值目标的实现在很大程度上依赖于风险分担的合理性。智慧城市 PPP 项目的参与主体众多，包括政府、社会资本、融资方、承包商、分包商、软/硬件供应商、专业 IT 运营商、保险公司和专业机构等。因此，从风险责任主体的角度出发，风险管理应全面分析智慧城市 PPP 项目各参与方的风险，并在各利益相关方之间进行合理分担，形成面向多方利益主体的风险管理机制。

在实务中，风险分担方案通常在 PPP 项目的前期论证时就初步确定，项目采购完成后通过签订 PPP 项目合同正式界定各参与方的权利义务和风险分担机制。按照风险分担原则，通常由政府承担土地获取风险、项目审批风险、政治不可抗力；由项目公司承担如期完成项目融资的风险，项目设计、建设和运营维护相关风险；由双方共同承担自然不可抗力等风险。

本书所选的智慧城市 PPP 项目分别采用了不同的 PPP 运作模式，如服务合同、BOT、BOO 等，覆盖了智慧城市总体架构的不同层次，既有基础设施层和数据层的建设内容，也有智慧应用层的建设内容。这些项目的风险管理方案均对利益相关方的责任做了明确的界定，为智慧城市 PPP 项目风险管理提供了范例。

总而言之，智慧城市是由众多互动的子项目或称项目群构成的，属于典型的复杂系统，PPP 项目合同涵盖的范围可能会有很大的差异，应在系统观的视角下进行协调管理。基于系统观的 PPP 项目风险管理机制强调跨风险类型集成管理、全生命周期风险管理、多方利益主体风险管理等，风险识别、分析、评估、应对和监控构成了一个完整的风险管理循环。

10.3 研究展望

智慧城市是既能平衡社会、商业和环境需求，又能优化现有资源以造福市民的城市。鼓励投融资体制机制的创新、注重激发市场的活力、科学防范和化解 PPP 项目风险仍然是重中之重，这也是保障新型智慧城市安全健康和可持续发展的必要前提。

综合本书研究成果，未来研究展望如下：

（1）从国家政策可以看出，财政部、国家发展和改革委员会、工业和信息化部等部委对于 PPP 模式可能带来的风险，以及如何进行风险管理给予了高度关注，要求合理分担项目风险，选择合适的方法筛选 PPP 项目。地方政府鼓励采用 BT、BOT、BOO 等运作模式，引导多方参与智慧城市建设，但应进一步完善相关的政策框架和运营环境，避免可能带来的政府规制、市场、财务、运营等方面的不确定性。

（2）关于智慧城市投融资，智慧城市项目应用 PPP 模式既有通用性，又有特殊性。通用性主要表现在，智慧城市作为公共基础设施，采用 PPP 模式可以使公共部门打破由于财政预算不足而造成的短期内无法投资的制约，破解规模庞大的资金需求困境。特殊性主要与智慧城市产品和服务的多样性、复杂性和经营属性有关，在推进智慧城市 PPP 项目的过程中，需要根据智慧城市产品和服务的特点及其经营属性，有针对性地探索投融资和运作模式。

（3）关于风险管理，智慧城市 PPP 项目建设周期长、投资额大、利益相关主体众多且关系复杂，风险因素较多，对风险的全面识别、科学评估与合理分担是关键。在我国大规模推广智慧城市 PPP 项目的热潮中，无论政府还是社会资本，都有必要以风险管理的基本程序与核心过程为基础，以风险识别、风险评估和风险分担为主线，采用合适的方法构建智慧城市 PPP 项目的全面风险管理体系。

PPP 模式正在变革和创新智慧城市的投融资机制，本书通过理论研究和实践探索，希望能够为我国智慧城市 PPP 项目建设提供指导，以创新、协调、绿色、开放、共享的理念促进具有中国特色的新型智慧城市发展。

附录 A

国家智慧城市试点名单

首批国家智慧城市试点名单（2013 年 1 月 29 日公布）	
北京市	东城区、朝阳区、未来科技城、丽泽金融商务区
天津市	津南区、中新天津生态城
上海市	浦东新区
重庆市	南岸区、两江新区
河北省	石家庄市、廊坊市、邯郸市、秦皇岛市、唐山市迁安市
山西省	太原市、长治市、朔州市平鲁区
内蒙古自治区	乌海市
黑龙江省	肇东市、大庆市肇源县、佳木斯市桦南县
吉林省	辽源市、磐石市
辽宁省	沈阳市浑南新区、大连生态科技创新城
山东省	德州市、威海市、东营市、潍坊市寿光市、泰安市新泰市、潍坊市昌邑市、泰安市肥城市、济南市西部新城
江苏省	无锡市、常州市、镇江市、泰州市、南京市河西新城区（建邺区）、苏州工业园区、盐城市城南新区、苏州市昆山市花桥经济开发区、苏州市昆山市张浦镇
安徽省	芜湖市、淮南市、铜陵市、蚌埠市禹会区
浙江省	温州市、金华市、绍兴市诸暨市、杭州市上城区、宁波市镇海区
福建省	南平市、福州市仓山区、平潭综合实验区
江西省	萍乡市、南昌市红谷滩新区
河南省	郑州市、鹤壁市、漯河市、济源市、郑州市新郑市、洛阳新区

智慧城市投融资与风险管理

湖北省	武汉市、武汉市江岸区
湖南省	株洲市、韶山市、株洲市云龙示范区、浏阳市柏加镇、长沙大河西先导区
广东省	珠海市、广州市番禺区、广州市萝岗区、深圳市坪山新区、佛山市顺德区、佛山市顺德区乐从镇
海南省	万宁市
云南省	昆明市五华区
贵州省	铜仁市、六盘水市、贵阳市乌当区
四川省	雅安市、成都市温江区、成都市郫县
西藏自治区	拉萨市
陕西省	咸阳市、杨凌农业高新技术产业示范区
宁夏回族自治区	吴忠市
新疆维吾尔自治区	巴音郭楞蒙古自治州库尔勒市、伊犁哈萨克自治州奎屯市
第二批国家智慧城市试点名单（2013年8月5日公布）	
北京市	经济技术开发区、房山区长阳镇
天津市	武清区、河西区
重庆市	永川区、江北区
河北省	唐山市曹妃甸区、唐山市滦南县、保定市博野县
山西省	阳泉市、大同市城区、晋城市、朔州市怀仁县
内蒙古自治区	呼伦贝尔市、鄂尔多斯市、包头市石拐区
黑龙江省	齐齐哈尔市、牡丹江市、安达市
吉林省	四平市、榆树市、长春高新技术产业开发区、白山市抚松县、吉林市船营区搜登站镇
辽宁省	营口市、庄河市、大连市普湾新区
山东省	烟台市、曲阜市、济宁市、任城区、青岛市崂山区、青岛高新技术产业开发区、青岛中德生态园、潍坊市昌乐县、平度市明村镇
江苏省	南通市、丹阳市、苏州吴中太湖新城、宿迁市洋河新城、昆山市、徐州市丰县、连云港市东海县
安徽省	阜阳市、黄山市、淮北市、合肥高新技术产业开发区、宁国港口生态工业园区、六安市霍山县
浙江省	杭州市拱墅区、杭州市萧山区、宁波市、宁波市宁海县、临安市昌化镇
福建省	莆田市、泉州台商投资区
江西省	新余市、樟树市、共青城市、上饶市婺源县

河南省	许昌市、舞钢市、灵宝市
湖北省	黄冈市、咸宁市、宜昌市、襄阳市
湖南省	岳阳市岳阳楼区、郴州市永兴县、郴州市嘉禾县、常德市桃源县漳江镇、长沙市长沙县
广东省	肇庆市端州区、东莞市东城区、中山翠亨新区
广西壮族自治区	南宁市、柳州市（含鱼峰区）、桂林市、贵港市
云南省	红河哈尼族彝族自治州蒙自市、红河哈尼族彝族自治州弥勒市
贵州省	贵阳市、遵义市（含仁怀市湄潭县）、毕节市、凯里市、六盘水市盘县
甘肃省	兰州市、金昌市、白银市、陇南市、敦煌市
四川省	绵阳市、遂宁市、崇州市
西藏自治区	林芝地区
陕西省	宝鸡市、渭南市、延安市
宁夏回族自治区	银川市、石嘴山市（含大武口区）、银川市永宁县
新疆维吾尔自治区	乌鲁木齐市、克拉玛依市、伊宁市
第三批国家智慧城市试点名单（2015年4月7日公布）	
新增试点	
北京市	门头沟区、大兴区庞各庄镇、新首钢高端产业综合服务区、房山区良乡高教园区、西城区牛街街道
天津市	天津滨海高新技术开发区京津合作示范区、静海县
重庆市	渝中区
河北省	唐山市
山西省	大同市、忻州市、吕梁市离石区
内蒙古自治区	呼和浩特市
黑龙江省	佳木斯市、尚志市、哈尔滨市香坊区
吉林省	通化市、白山市江源区、临江市、吉林市高新区、长春净月高新技术产业开发区
辽宁省	沈阳市和平区、新民市
山东省	莱芜市、章丘市、诸城市、枣庄市薛城区、日照市莒县、潍坊市临朐县、济宁市嘉祥县、青岛西海岸新区（黄岛区）、莱西市
江苏省	徐州市（含新沂市）、东台市、常熟市、淮安市洪泽县
安徽省	宿州市、亳州市、六安市金寨县、滁州市（含定远县）
浙江省	温岭市、富阳市常安镇、宁波大榭开发区
福建省	长乐市、泉州市（含德化县、安溪县蓬莱镇）、漳州招商局经济技术开发区

江西省	鹰潭市、吉安市、抚州市南丰县、南昌市东湖区、南昌市高新区
河南省	开封市、南阳市
湖北省	荆州市（含洪湖市）、仙桃市
湖南省	永州市祁阳县、湘潭经济技术开发区、常德市（含津市市、澧县、汉寿县）、沅江市、郴州市安仁县、郴州市宜章县
广东省	河源市江东新区
广西壮族自治区	钦州市、玉林市
云南省	大理市、文山市、玉溪市
贵州省	安顺市西秀区
甘肃省	张掖市、天水市
四川省	阿坝藏族羌族自治州汶川县、宜宾市兴文县、广安市、泸州市、乐山市（含峨眉山市）
陕西省	汉中市
青海省	格尔木市、海南州贵德县、海南州共和县
宁夏回族自治区	中卫市
新疆维吾尔自治区	昌吉市、阿勒泰地区富蕴县
新疆生产建设兵团	石河子市、五家渠市
扩大范围试点	
河北省	石家庄市试点新增正定县、廊坊市试点新增固安县、邯郸市试点新增丛台区
吉林省	辽源市试点新增东丰县
山东省	威海市试点新增乳山市
江苏省	泰州市试点新增泰州经济技术开发区
安徽省	阜阳市试点新增太和县
浙江省	温州市试点新增苍南县
湖北省	武汉市试点新增江夏区、黄冈市试点新增麻城市、襄阳市试点新增老河口市
广西壮族自治区	柳州市试点新增鹿寨县
四川省	绵阳市试点新增江油市

附录 *B*

PPP 模式相关政策法规

政府和社会资本合作（PPP）模式政策法规		
行政法规	中共中央 国务院	中共中央　国务院关于营造更好发展环境支持民营企业改革发展的意见（2019年12月4日）
		国务院关于推进国有资本投资、运营公司改革试点的实施意见（国发〔2018〕23号）
		国务院关于创新重点领域投融资机制鼓励社会投资的指导意见（国发〔2014〕60号）
		国务院办公厅关于进一步激发民间有效投资活力促进经济持续健康发展的指导意见（国办发〔2017〕79号）
		国务院办公厅关于进一步激发社会领域投资活力的意见（国办发〔2017〕21号）
		国务院办公厅转发财政部发展和改革委员会人民银行《关于在公共服务领域推广政府和社会资本合作模式指导意见》的通知（国办发〔2015〕42号）
部门规章	财政部	财政部关于印发《政府和社会资本合作（PPP）项目绩效管理操作指引》的通知（财金〔2020〕13号）
		财政部关于印发《＜政府会计准则第10号——政府和社会资本合作项目合同＞应用指南》的通知（财会〔2020〕19号）
		财政部关于推进政府和社会资本合作规范发展的实施意见（财金〔2019〕10号）
		财政部关于进一步加强政府和社会资本合作（PPP）示范项目规范管理的通知（财金〔2018〕54号）
		财政部关于公布第四批政府和社会资本合作示范项目名单的通知（财金〔2018〕8号）

续表

部门规章	财政部	财政部办公厅关于规范政府和社会资本合作（PPP）综合信息平台项目库管理的通知（财办金［2017］92 号）
		财政部关于印发《政府和社会资本合作（PPP）咨询机构库管理暂行办法》的通知（财金［2017］8 号）
		财政部关于印发《政府和社会资本合作（PPP）综合信息平台信息公开管理暂行办法》的通知（财金［2017］1 号）
		财政部关于印发《财政部政府和社会资本合作（PPP）专家库管理办法》的通知（财金［2016］144 号）
		财政部关于印发《政府和社会资本合作项目财政管理暂行办法》的通知（财金［2016］92 号）
		财政部关于在公共服务领域深入推进政府和社会资本合作工作的通知（财金［2016］90 号）
		财政部关于印发《PPP 物有所值评价指引（试行）》的通知（财金［2015］167 号）
		财政部关于规范政府和社会资本合作（PPP）综合信息平台运行的通知（财金［2015］166 号）
		财政部关于实施政府和社会资本合作项目以奖代补政策的通知（财金［2015］158 号）
		财政部关于公布第二批政府和社会资本合作示范项目的通知（财金［2015］109 号）
		财政部关于进一步做好政府和社会资本合作项目示范工作的通知（财金［2015］57 号）
		财政部关于印发《政府和社会资本合作项目财政承受能力论证指引》的通知（财金［2015］21 号）
		财政部关于规范政府和社会资本合作合同管理工作的通知（财金［2014］156 号）
		财政部关于印发《政府和社会资本合作模式操作指南（试行）的通知》（财金［2014］113 号）
		财政部关于政府和社会资本合作示范项目实施有关问题的通知（财金［2014］112 号）
		财政部关于推广运用政府和社会资本合作模式有关问题的通知（财金［2014］76 号）
		财政部关于印发《政府和社会资本合作项目政府采购管理办法》的通知（财库［2014］215 号）
	国家发展和改革委员会	国家发展和改革委员会关于依法依规加强 PPP 项目投资和建设管理的通知（（发改投资规［2019］1098 号）

部门规章	国家发展和改革委员会	国家发展和改革委员会关于鼓励民间资本参与政府和社会资本合作（PPP）项目的指导意见（发改投资〔2017〕2059 号）
		国家发展和改革委员会关于加快运用 PPP 模式盘活基础设施存量资产有关工作的通知（发改投资〔2017〕1266 号）
		国家发展和改革委员会办公厅关于印发《政府和社会资本合作（PPP）项目专项债券发行指引》的通知（发改办财金〔2017〕730 号）
		国家发展和改革委员会关于印发《传统基础设施领域实施政府和社会资本合作项目工作导则》的通知（发改投资〔2016〕2231 号）
		国家发展和改革委员会关于切实做好传统基础设施领域政府和社会资本合作有关工作的通知（发改投资〔2016〕1744 号）
		国家发展和改革委员会关于开展政府和社会资本合作的指导意见（发改投资〔2014〕2724 号）
	联合发文	文化和旅游部、财政部关于在文化领域推广政府和社会资本合作模式的指导意见（文旅产业发〔2018〕96 号）
		文化和旅游部、财政部关于在旅游领域推广政府和社会资本合作模式的指导意见（文旅旅发〔2018〕3 号）
		财政部、住房和城乡建设部、农业部、环境保护部关于政府参与的污水、垃圾处理项目全面实施 PPP 模式的通知（财建〔2017〕455 号）
		财政部、民政部、人力资源和社会保障部关于运用政府和社会资本合作模式支持养老服务业发展的实施意见（财金〔2017〕86 号）
		财政部、中国人民银行、中国证监监督管理委员会关于规范开展政府和社会资本合作项目资产证券化有关事宜的通知（财金〔2017〕55 号）
		财政部、农业部关于深入推进农业领域政府和社会资本合作的实施意见（财金〔2017〕50 号）
		国家发展和改革委员会、水利部关于印发《政府和社会资本合作建设重大水利工程操作指南（试行）》的通知（发改农经〔2017〕2119 号）
		国家发展和改革委员会、住房和城乡建设部关于进一步做好重大市政工程领域政府和社会资本合作（PPP）创新工作的通知（发改投资〔2017〕328 号）
		国家发展和改革委员会办公厅、交通运输部办公厅关于进一步做好收费公路政府和社会资本合作项目前期工作的通知（发改办基础〔2016〕2851 号）
		财政部、国家发展和改革委员会关于进一步共同做好政府和社会资本合作（PPP）有关工作的通知（财金〔2016〕32 号）
		国家发展和改革委员会、中国证监监督管理委员会关于推进传统基础设施领域政府和社会资本合作（PPP）项目资产证券化相关工作的通知（发改投资〔2016〕2698 号）
		国家发展和改革委员会、农业部关于推进农业领域政府和社会资本合作的指导意见（发改农经〔2016〕2574 号）

部门规章	联合发文	国家发展和改革委员会、住房和城乡建设部关于开展重大市政工程领域政府和社会资本合作（PPP）创新工作的通知（发改投资〔2016〕2068号）
		国家发展和改革委员会、国家林业局关于运用政府和社会资本合作模式推进林业建设的指导意见（发改农经〔2016〕2455号）
		财政部、教育部、科技部等关于联合公布第三批政府和社会资本合作示范项目加快推动示范项目建设的通知（财金〔2016〕91号）
		国家发展和改革委员会、财政部关于运用政府投资支持社会投资项目的通知（发改投资〔2015〕823号）
		财政部、国土资源部、住房和城乡建设部等关于运用政府和社会资本合作模式推进公共租赁住房投资建设和运营管理的通知（财综〔2015〕15号）
		财政部、交通运输部关于在收费公路领域推广运用政府和社会资本合作模式的实施意见（财建〔2015〕111号）
		财政部、环境保护部关于推进水污染防治领域政府和社会资本合作的实施意见（财建〔2015〕90号）
		国家发展和改革委员会、国家开发银行关于推进开发性金融支持政府和社会资本合作有关工作的通知（发改投资〔2015〕445号）
	其他部门	交通运输部办公厅关于印发《收费公路政府和社会资本合作操作指南》的通知（2017年修订）（交办财审〔2017〕173号）
		中国保险监督管理委员会关于保险资金投资政府和社会资本合作项目有关事项的通知（保监发〔2017〕41号）
		国家能源局关于在能源领域积极推广政府和社会资本合作模式的通知（国能法改〔2016〕96号）
		工业和信息化部办公厅关于开展产业园区基础设施建设PPP项目摸底调研的通知（工信厅产业函〔2015〕742号）
行业规定	上交所	上海证券交易所政府和社会资本合作（PPP）项目资产支持证券挂牌条件确认指南（2017.10.19）
		上海证券交易所政府和社会资本合作（PPP）项目资产支持证券信息披露指南（2017.10.19）
		上海证券交易所关于进一步推进政府和社会资本合作（PPP）项目资产证券化业务的通知（上证函〔2017〕783号）
		上海证券交易所关于推进传统基础设施领域政府和社会资本合作（PPP）项目资产证券化业务的通知（2017.02.17）
	深交所	深圳证券交易所关于发布《深圳证券交易所政府和社会资本合作（PPP）项目资产支持证券挂牌条件确认指南》《深圳证券交易所政府和社会资本合作（PPP）项目资产支持证券信息披露指南》的通知（深证会〔2017〕340号）

行业规定	深交所	深圳证券交易所关于进一步推进政府和社会资本合作（PPP）项目资产证券化业务的通知（深证会［2017］215 号）
		深圳证券交易所关于推进传统基础设施领域政府和社会资本合作（PPP）项目资产证券化业务的通知（深证会［2017］46 号）
	中评协	中国资产评估协会关于印发《PPP 项目资产评估及相关咨询业务操作指引》的通知（中评协［2016］38 号）
地方法规	北京市	北京市人民政府办公厅关于在公共服务领域推广政府和社会资本合作模式的实施意见（京政办发［2015］52 号）
		北京市西城区人民政府办公室关于印发《北京市西城区推广政府与社会资本合作（PPP）模式实施意见》的通知（西行规发［2018］2 号）
		北京市通州区人民政府办公室关于通州区在公共服务领域推广政府和社会资本合作（PPP）模式的实施意见（通政办发［2016］24 号）
		北京市财政局关于修订《北京市推广政府和社会资本合作（PPP）模式奖补资金管理办法》的通知（2017）（京财经二［2017］2240 号）
		北京市财政局关于印发《北京市政府和社会资本合作（PPP）项目库管理办法》的通知（京财经二［2017］1704 号）
		北京市财政局、北京市规划和国土资源管理委员会关于政府和社会资本合作（PPP）项目用地有关事项的通知（京财经二［2016］2520 号）
		北京市财政局、北京市发展和改革委员会转发关于进一步共同做好政府和社会资本合作（PPP）有关工作的通知（京财经二［2016］1172 号）
	天津市	天津市人民政府关于推进政府和社会资本合作的指导意见（津政发［2015］10 号）
		天津市财政局关于印发《天津市政府和社会资本合作（PPP）项目以奖代补资金管理办法》的通知（津财规［2018］1 号）
		天津市财政局关于印发《天津市政府和社会资本合作（PPP）咨询机构库管理办法》的通知（津财规〔2017〕14 号）
	河北省	河北省人民政府关于推广政府和社会资本合作（PPP）模式的实施意见（冀政［2014］125 号）
		河北省财政厅关于印发《河北省省级政府和社会资本合作（PPP）项目奖补资金管理办法（试行）》的通知（冀财资合［2017］3 号）
		河北省住房和城乡建设厅关于在市政基础设施领域推进政府和社会资本合作的指导意见（冀建综［2017］24 号）
		河北省发展和改革委员会、河北省农业厅、河北省委省政府农村工作办公室关于转发《国家发展改革委农业部关于推进农业领域政府和社会资本合作的指导意见》的通知（冀发改农经［2016］1673 号）

地方法规	河北省	河北省发展和改革委员会关于全力做好政府和社会资本合作（PPP）模式推广工作的通知（冀发改投资〔2015〕487号）
		唐山市人民政府关于推广运用政府和社会资本合作（PPP）模式的实施意见（试行）（2015.03.25）
	山西省	山西省人民政府办公厅印发《关于加快推进政府和社会资本合作若干政策措施》的通知（晋政办发〔2016〕35号）
		山西省财政厅关于开展政府和社会资本合作（PPP）项目全生命周期绩效管理的通知（晋财金〔2019〕32号）
		山西省发展和改革委员会关于印发《山西省PPP项目操作流程图（试行）》的通知（晋发改投资发〔2017〕607号）
		山西省财政厅关于补充更新政府与社会资本合作（PPP）咨询服务机构库和专家库的通知（2017.03.17）
		山西省发展和改革委员会关于在重点领域积极推广政府和社会资本合作模式的通知（晋发改投资发〔2016〕268号）
		运城市发展和改革委员会关于进一步做好传统基础设施领域政府和社会资本合作（PPP）项目工作的通知（运发改投资发〔2017〕302号）
		大同市人民政府办公厅关于转发《山西省人民政府办公厅印发关于加快推进政府和社会资本合作若干政策措施的通知》的通知（同政发〔2016〕80号）
	内蒙古自治区	内蒙古自治区人民政府关于公共服务领域推广政府和社会资本合作模式的实施意见（内政发〔2015〕70号）
		内蒙古自治区财政厅、交通运输厅转发财政部、交通运输部《关于在收费公路领域推广运用政府和社会资本合作模式的实施意见》的通知（内财办〔2015〕744号）
		包头市人民政府办公厅关于简化优化政府与社会资本合作（PPP）项目审批程序的通知（包府办发〔2017〕192号）
		包头市人民政府办公厅关于印发《包头市公共服务领域推广政府和社会资本合作模式实施意见（试行）》的通知（包府办发〔2015〕236号）
		呼伦贝尔市人民政府办公厅关于印发《呼伦贝尔市PPP项目招标投标实施细则》的通知（呼政办字〔2016〕206号）
		巴彦淖尔市人民政府关于印发《巴彦淖尔市关于公共服务领域推广政府和社会资本合作（PPP）模式的实施意见》的通知（巴政发〔2016〕57号）
		赤峰市人民政府关于公共服务领域推广运用政府和社会资本合作模式的实施意见（赤政发〔2016〕37号）
		鄂尔多斯市人民政府关于推广运用政府和社会资本合作模式的实施意见（鄂府发〔2016〕32号）
		通辽市人民政府办公厅关于进一步优化政府和社会资本合作（PPP）项目库内容的通知（通政办字〔2016〕22号）

地方法规	辽宁省	辽宁省人民政府关于推广运用政府和社会资本合作模式的实施意见（辽政发 [2015] 37 号）
		辽宁省财政厅关于印发《政府和社会资本合作项目专家评审暂行办法》的通知（辽财债 [2015] 475 号）
		辽宁省财政厅关于印发《政府和社会资本合作项目库管理暂行办法的通知》（辽财债 [2015] 474 号）
		辽阳市人民政府关于印发《辽阳市政府和社会资本合作（PPP）项目管理办法（试行）》的通知（辽市政发 [2018] 1 号）
		抚顺市人民政府关于进一步推进政府和社会资本合作模式的实施意见（抚政发 [2018] 10 号）
		抚顺市人民政府关于加快推广运用政府和社会资本合作模式的意见（抚政办发 [2016] 61 号）
		阜新市人民政府办公室关于印发《阜新市 PPP 项目三年滚动计划（2017—2019 年）》的通知（阜政办发 [2017] 104 号）
		阜新市人民政府关于推广运用政府和社会资本合作模式的实施意见（阜政发 [2015] 39 号）
		葫芦岛市人民政府办公室关于调整政府和社会资本合作工作部门分工的通知（葫政办发 [2016] 82 号）
		鞍山市人民政府办公厅关于印发《鞍山市政府和社会资本合作项目管理办法（试行）》的通知（鞍政办发 [2016] 35 号）
		本溪市人民政府关于推广运用政府和社会资本合作模式的实施意见（本政发 [2016] 3 号）
		盘锦市人民政府关于印发《盘锦市政府和社会资本合作项目政府采购管理办法（试行）》的通知（盘政发 [2016] 15 号）
		盘锦市人民政府关于推广运用政府和社会资本合作模式的实施意见（盘政发 [2015] 52 号）
	吉林省	吉林市人民政府关于进一步规范政府和社会资本合作工作的通知（2016.08.11）
		长春市人民政府办公厅关于印发《长春市政府和社会资本合作（PPP）项目库管理办法》的通知（长府办发 [2018] 12 号）
		长春市人民政府办公厅关于推广政府和社会资本合作（PPP）模式的实施意见（长府办发 [2018] 11 号）
		通化市人民政府办公室关于政府和社会资本合作模式管理的实施意见（通市政办发 [2017] 20 号）
		白山市人民政府办公室关于印发《白山市本级政府和社会资本合作（PPP）模式管理实施办法》的通知（白山政发 [2017] 12 号）

地方法规	黑龙江省	黑龙江省公共服务领域政府和社会资本合作（PPP）操作流程（试行）（2017.08.11）
		黑龙江省发展和改革委员会关于推广运用政府和社会资本合作（PPP 项目）的意见（2015.08.03）
		黑龙江省发展和改革委员会关于印发《政府和社会资本合作项目前期工作专项补助资金分配管理实施细则（试行）》的通知（黑发改投资［2015］501 号）
		哈尔滨市财政局关于印发《哈尔滨市 PPP 项目库管理暂行办法》的通知（哈财金［2017］105 号）
		哈尔滨市财政局关于规范哈尔滨市 PPP 项目咨询服务机构和专家选聘管理的通知（哈财金［2017］78 号）
		哈尔滨市政府关于推广运用政府和社会资本合作模式的实施意见（哈政发［2016］16 号）
		哈尔滨市财政局关于印发《哈尔滨市 PPP 项目管理暂行办法》的通知（哈财金［2016］469 号）
		黑河市人民政府办公室关于印发《黑河市人民政府与社会资本合作（PPP）项目财政支持基金管理办法》的通知（黑市政办规［2017］17 号）
		伊春市人民政府办公室关于印发《伊春市推广运用政府和社会资本合作（PPP）模式工作实施意见》的通知（2016.04.18）
		鹤岗市人民政府办公室关于转发《鹤岗市推广运用政府和社会资本合作模式的实施意见》的通知（鹤政办发［2016］25 号）
	上海市	上海市人民政府办公厅关于印发《本市推广政府和社会资本合作模式的实施意见》的通知（沪府办发〔2016〕37 号）
		上海市闵行区人民政府办公室关于转发《闵行区关于规范推进政府与社会资本合作（PPP）项目的实施意见》的通知（闵府办发〔2019〕56 号）
	江苏省	江苏省人民政府关于在公共服务领域推广政府和社会资本合作模式的实施意见（苏政发［2015］101 号）
		江苏省财政厅关于进一步加强政府和社会资本合作（PPP）项目财政监督的意见（苏财金［2019］53 号）
		江苏省财政厅关于建立全省政府和社会资本合作（PPP）项目全生命周期法律顾问制度的意见（苏财规［2018］19 号）
		江苏省财政厅关于印发《江苏省政府和社会资本合作（PPP）专家库管理办法（试行）》的通知（苏财规［2018］3 号）
		江苏省财政厅关于印发《政府和社会资本合作（PPP）项目奖补资金管理办法》的通知（苏财规［2016］25 号）
		江苏省财政厅关于政府和社会资本合作（PPP）示范项目实施有关问题的通知（苏财金［2015］1 号）

地方法规	江苏省	江苏省财政厅关于推进政府与社会资本合作（PPP）模式有关问题的通知（苏财金〔2014〕85 号）
		南京市财政局关于印发《政府和社会资本合作（PPP）项目奖补资金管理办法》的通知（宁财规〔2018〕14 号）
		南京市人民政府关于在公共服务领域推广政府和社会资本合作模式的实施意见（宁政发〔2016〕8 号）
		南通市人民政府办公室关于加快推进政府和社会资本合作（PPP）的通知（通政办发〔2018〕6 号）
		徐州市人民政府办公室关于印发《徐州市市级政府和社会资本合作（PPP）项目实施流程（试行）》的通知（徐政办发〔2017〕169 号）
		徐州市人民政府关于完善政府和社会资本合作（PPP）模式运作管理机制的通知（徐政发〔2017〕41 号）
		盐城市人民政府关于推广政府和社会资本合作模式的实施意见（盐政发〔2017〕49 号）
		常州市人民政府关于在公共服务领域推广政府和社会资本合作模式的实施意见（常政发〔2016〕124 号）
		无锡市财政局关于印发《无锡市政府和社会资本合作（PPP）奖补资金管理办法》的通知（锡财金〔2016〕21 号）
		无锡市人民政府办公室印发《无锡市关于推进政府和社会资本合作的实施意见》的通知（锡政办发〔2015〕119 号）
		淮安市发展和改革委员会关于推进开发性金融支持政府和社会资本合作有关工作的通知（淮发改办〔2015〕91 号）
		淮安市发展和改革委员会关于进一步做好政府和社会资本合作项目推介工作的通知（淮发改办〔2015〕86 号）
	浙江省	浙江省人民政府办公厅关于推广运用政府和社会资本合作模式的指导意见（浙政办发〔2015〕9 号）
		浙江省财政厅关于印发《浙江省基础设施投资（含 PPP）基金投资退出管理规则》的通知（浙财建〔2016〕191 号）
		浙江省财政厅关于印发《浙江省基础设施投资（含 PPP）基金管理办法》的通知（浙财建〔2016〕44 号）
		浙江省财政厅、浙江省发展和改革委员会、中国人民银行杭州中心支行关于在公共服务领域推广政府和社会资本合作模式的实施意见（浙财金〔2016〕13 号）
		浙江省财政厅关于印发《浙江省推广政府和社会资本合作模式综合奖补资金管理暂行办法》的通知（浙财金〔2015〕99 号）
		浙江省财政厅关于推广运用政府和社会资本合作模式的实施意见（浙财金〔2015〕5 号）

地方法规	浙江省	杭州市发展和改革委员会、杭州市财政局关于发布《2020年杭州市政府和社会资本合作（PPP）项目》的通知（杭发改办〔2020〕196号）
		杭州市人民政府办公厅关于印发《杭州市推行政府和社会资本合作项目管理办法（试行）》的通知（杭政办函〔2017〕107号）
		宁波保税区管理委员会关于印发《航天智慧科技城公共设施一期PPP项目管理办法（修订）》的通知（2018）（甬保税政〔2018〕61号）
		宁波市财政局、宁波市发展和改革委员会关于印发《宁波市PPP投资基金推进实施PPP项目的操作办法（试行）》的通知（甬财政发〔2016〕766号）
		宁波市财政局关于推广运用政府和社会资本合作模式的实施意见（试行）（甬财政发〔2015〕764号）
		宁波市人民政府办公厅关于推广运用政府和社会资本合作模式的指导意见（试行）（甬政办发〔2015〕114号）
		绍兴市人民政府办公室关于推广运用政府和社会资本合作模式的实施意见（绍政办发〔2015〕52号）
		温州市人民政府关于推广运用政府和社会资本合作模式的实施意见（温政发〔2015〕36号）
		丽水市人民政府办公室关于成立政府和社会资本合作项目联合审查工作领导小组的通知（丽政办发〔2015〕11号）
	安徽省	安徽省人民政府办公厅关于印发《安徽省支持政府和社会资本合作（PPP）若干政策》的通知（皖政办〔2017〕71号）
		安徽省财政厅关于印发《安徽省省级政府和社会资本合作奖补资金管理办法》的通知（财金〔2016〕1373号）
		安徽省财政厅关于推广运用政府和社会资本合作模式的意见（财金〔2014〕1828号）
		安徽省国土资源厅关于保障公共服务领域政府和社会资本合作模式项目用地的意见（皖国土资函〔2016〕216号）
		安庆市人民政府办公室关于进一步推进政府和社会资本合作（PPP）的实施意见（宜政办秘〔2018〕80号）
		蚌埠市人民政府关于政府和社会资本合作（PPP）项目实施管理的意见（蚌政〔2018〕5号）
		合肥市人民政府办公厅关于推广政府和社会资本合作模式的实施意见（合政办〔2017〕38号）
		池州市人民政府关于支持政府和社会资本合作（PPP）的实施意见（池政〔2017〕110号）
		宿州市人民政府办公室关于推广政府和社会资本合作（PPP）模式的实施意见（宿政办秘〔2017〕9号）

地方法规	安徽省	亳州市人民政府办公室关于印发《亳州市市级政府和社会资本合作项目操作流程》的通知（亳政办秘〔2017〕180号）
		合肥市财政局关于印发《合肥市政府和社会资本合作（PPP）项目物有所值评价及财政承受能力论证暂行办法》的通知（合财债〔2016〕1265号）
		淮南市人民政府办公室关于印发《淮南市政府和社会资本合作模式（PPP）前期服务引导基金管理暂行办法》的通知（淮府办〔2016〕50号）
		滁州市人民政府关于推广运用政府和社会资本合作模式的实施意见（滁政〔2016〕78号）
		黄山市人民政府关于进一步做好政府和社会资本合作（PPP）工作的通知（黄政秘〔2015〕25号）
		黄山市人民政府办公厅关于印发《黄山市城市基础设施 PPP 建设项目竞争性谈判、磋商操作指南》的通知（黄政办秘〔2015〕63号）
		黄山市人民政府关于推进城市基础设施 PPP 建设模式试点工作的实施意见（黄政办秘〔2015〕26号）
		安庆市人民政府关于推广运用政府和社会资本合作模式的实施意见（试行）（宜政秘〔2015〕20号）
		淮北市人民政府关于推广运用政府和社会资本合作模式的实施意见（试行）（淮政〔2015〕20号）
	福建省	福建省人民政府关于进一步做好政府和社会资本合作（PPP）试点工作的若干意见（闽政〔2016〕28号）
		福建省人民政府关于推广政府和社会资本合作（PPP）试点的指导意见（闽政〔2014〕47号）
		福建省财政厅关于进一步规范政府和社会资本合作（PPP）项目的指导意见（闽财金〔2018〕23号）
		福州市人民政府办公厅关于印发《福州市政府和社会资本合作（PPP）项目管理办法》的通知（榕政办〔2016〕189号）
		福建省人民政府办公厅关于推广政府和社会资本合作（PPP）试点扶持政策的意见（2015.05.11）
		三明市人民政府关于规范运作公共服务领域 PPP 项目的通知（明政〔2016〕33号）
		龙岩市人民政府关于推广政府和社会资本合作（PPP）试点的实施意见（龙政综〔2015〕274号）
		泉州市人民政府关于推广运用政府和社会资本合作（PPP）模式的实施意见（泉政文〔2015〕128号）
	江西省	江西省财政厅关于印发《江西省财政厅政府和社会资本（PPP）咨询机构库管理办法》的通知（赣财办〔2017〕113号）

地方法规	江西省	江西省财政厅关于印发《江西省财政厅政府与社会资本合作（PPP）专家库管理办法》的通知（赣财办〔2017〕84号）
		江西省发展和改革委员会关于印发《政府和社会资本合作（PPP）项目案例和政策文件汇编》的通知（2016.05.03）
		景德镇市人民政府办公室关于规范景德镇市实施政府与社会资本合作（PPP）和政府向社会力量购买服务项目操作流程的通知（景府办字〔2017〕183号）
		景德镇市人民政府办公室关于印发《景德镇市推广政府与社会资本合作（PPP）模式实施意见》的通知（景府办发〔2015〕26号）
		抚州市人民政府办公室关于印发《抚州市本级政府和社会资本合作模式（PPP）项目基本操作流程（试行）》的通知（抚府办发〔2017〕11号）
		南昌市人民政府关于印发《南昌市推广政府与社会资本合作（PPP）模式的实施意见（试行）》的通知（2015.01.29）
		吉安市人民政府关于印发《吉安市推行政府和社会资本合作实施意见（试行）》的通知（吉府发〔2015〕13号）
		抚州市人民政府关于印发《抚州市本级政府和社会资本合作（PPP模式）实施办法（试行）》的通知（抚府发〔2015〕11号）
	山东省	山东省财政厅关于开展政府和社会资本合作（PPP）"高质量发展年"活动的指导意见（鲁财合〔2020〕3号）
		山东省财政厅关于修订《山东省政府和社会资本合作（PPP）发展基金实施暂行办法》的通知（鲁财金〔2017〕58号）
		山东省财政厅关于印发《山东省政府和社会资本合作（PPP）专项资金管理办法》的通知（鲁财金〔2017〕5号）
		山东省财政厅关于印发《山东省"政府和社会资本合作"项目奖补资金管理办法》的通知（鲁财金〔2016〕4号）
		青岛市财政局关于印发《市级专项资金及PPP项目评审费管理暂行办法》的通知（2018.01.09）
		青岛市财政局、青岛市发展和改革委员会关于进一步充实和完善PPP项目库的通知（2016.04.07）
		潍坊市水利局关于印发《潍坊市社会资本参与水利工程（PPP）项目监督管理办法（试行）》的通知（潍水政字〔2017〕6号）
		潍坊市水利局关于印发《潍坊市社会资本参与水利工程（PPP）信用评价管理办法（试行）》的通知（潍水政字〔2017〕7号）
		济南市人民政府办公厅转发市财政局市发改委人民银行济南分行营业管理部《关于推广运用政府和社会资本合作模式的实施意见》的通知（济政办发〔2016〕22号）
		菏泽市人民政府办公室关于转发市财政局《菏泽市"政府和社会资本合作"模式操作细则（试行）》的通知（菏政办发〔2016〕27号）

地方法规	山东省	东营市人民政府办公室关于在公共服务领域推广政府和社会资本合作模式的实施意见（东政办发〔2015〕24 号）
		淄博市人民政府办公厅关于印发《淄博市市级政府和社会资本合作操作办法》的通知（淄政办发〔2015〕23 号）
		泰安市人民政府关于印发《泰安市政府和社会资本合作项目管理办法》的通知（泰政发〔2015〕13 号）
	河南省	河南省人民政府关于推广运用政府和社会资本合作模式的指导意见（豫政〔2014〕89 号）
		开封市人民政府办公室关于印发《开封市政府和社会资本合作（PPP）保障性基金暂行管理办法》的通知（汴政办〔2017〕65 号）
		驻马店市人民政府关于推广运用政府和社会资本合作（PPP）模式的实施意见（驻政〔2016〕104 号）
		商丘市人民政府办公室关于印发《商丘市城区基础设施建设 PPP 项目各部门工作职责》的通知（商政办〔2016〕99 号）
		郑州市人民政府关于推广运用政府和社会资本合作（PPP）模式的实施意见（郑政〔2015〕28 号）
		郑州市人民政府关于成立郑州市政府和社会资本合作模式推广运用工作领导小组的通知（郑政文〔2015〕129 号）
		郑州市人民政府办公厅关于印发《郑州市政府和社会资本合作项目管理暂行办法》的通知（郑政办〔2015〕89 号）
		郑州市人民政府关于印发《郑州市 2015 年政府和社会资本合作项目工作推进台账》的通知（郑政办〔2015〕88 号）
		许昌市人民政府办公室关于印发《许昌市推广运用政府与社会资本合作（PPP）模式实施意见（试行）》的通知（许政办〔2015〕39 号）
		新乡市人民政府关于推广运用政府和社会资本合作模式的通知（新政文〔2015〕31 号）
		周口市人民政府关于推广运用政府和社会资本合作模式的实施意见（周政〔2015〕27 号）
		濮阳市人民政府关于推广运用政府和社会资本合作模式的实施意见（濮政〔2015〕25 号）
		鹤壁市人民政府关于推广运用政府和社会资本合作模式的实施意见（鹤政〔2015〕16 号）
		安阳市人民政府关于推广运用政府和社会资本合作模式的实施意见（安政〔2015〕8 号）
	湖北省	湖北省人民政府关于在公共服务领域推广运用政府和社会资本合作模式的实施意见（鄂政发〔2015〕55 号）

地方法规	湖北省	湖北省住房和城乡建设厅关于切实做好全省住建领域政府与社会资本合作（PPP）有关工作的通知（鄂建文［2017］60号）
		湖北省人民政府办公厅关于成立湖北省政府和社会资本合作工作领导小组的通知（鄂政办函〔2016〕131号）
		黄冈市人民政府办公室关于印发《黄冈市推广政府和社会资本合作模式的实施意见》的通知（黄政办发［2017］19号）
		武汉市人民政府关于在公共服务领域推广运用政府和社会资本合作模式的意见（武政规［2016］4号）
		咸宁市人民政府办公室关于印发《咸宁市政府和社会资本合作（PPP）项目实施办法》的通知（咸政办发［2016］44号）
		恩施州人民政府关于在公共服务领域推广运用政府和社会资本合作模式的实施意见（恩施州政发［2016］11号）
		鄂州市人民政府关于在公共服务领域推广运用政府和社会资本合作模式的实施意见（鄂州政发［2015］27号）
		孝感市人民政府关于在公共服务领域推广运用政府和社会资本合作模式的实施意见（孝感政发［2015］12号）
		襄阳市人民政府办公室关于印发《襄阳市推广运用政府和社会资本合作模式创新投融资改革的实施意见》的通知（襄政办发［2015］29号）
		宜昌市人民政府关于在公共服务领域推广政府和社会资本合作模式的实施意见（试行）（宜府发［2015］20号）
		荆门市人民政府关于推广政府和社会资本合作模式试点工作的意见（荆政发［2015］11号）
		荆门市财政局关于印发《荆门市政府和社会资本合作（PPP）项目运营期绩效评价实施细则》的通知（荆财合发［2020］60号）
	湖南省	湖南省财政厅、省住房和城乡建设厅关于印发《湖南省城乡生活污水治理PPP项目操作指引》的通知（湘财金［2019］17号）
		湖南省发展和改革委员会关于进一步加强传统基础设施领域PPP项目规范管理的通知（湘发改投资［2018］771号）
		湖南省发展和改革委员会关于进一步做好传统基础设施领域政府和社会资本合作有关工作的通知（湘发改投资［2017］12号）
		湖南省财政厅关于印发《湖南省PPP示范项目联点工作制度》的通知（2015.12.25）
		长沙市人民政府关于印发《政府和社会资本合作项目工作导则》的通知（长政发［2017］22号）
		长沙市人民政府关于推广运用政府和社会资本合作模式的实施意见（长政发［2015］30号）

地方法规	湖南省	衡阳市人民政府办公室关于印发《衡阳市政府和社会资本合作项目工作导则（暂行）》的通知（衡政办发［2017］27 号）
		常德市人民政府关于市本级推广运用政府和社会资本合作模式的实施意见（常政发［2017］3 号）
		娄底市人民政府办公室关于印发《娄底市政府和社会资本合作项目监管办法（试行）》的通知（娄政发［2017］13 号）
		湘西自治州人民政府关于印发《湘西自治州政府和社会资本合作（PPP）项目操作办法（试行）》的通知（州政发［2017］17 号）
		湘西自治州人民政府办公室关于印发《湘西自治州推广运用政府和社会资本合作（PPP）模式实施方案（试行）》的通知（州政办发［2016］19 号）
		湘西自治州人民政府办公室关于积极稳妥推广运用政府和社会资本合作（PPP）模式的指导意见（州政办发［2016］14 号）
		益阳市人民政府关于推广运用政府和社会资本合作模式的实施意见（试行）（益政发［2016］18 号）
		娄底市人民政府办公室关于印发《娄底市推进政府与社会资本合作（PPP）项目实施办法》的通知（娄政办发［2015］36 号）
	广东省	广东省财政厅关于印发《广东省 PPP 项目库审核规程》的通知（粤财金［2018］57 号）
		广东省住房和城乡建设厅印发《广东省住房和城乡建设厅关于村镇生活污水处理设施建设 PPP 项目履约行为评估管理暂行办法》的通知（粤建规范［2018］8 号）
		广东省财政厅关于贯彻落实《政府和社会资本合作项目财政管理暂行办法》的通知（粤财金［2016］48 号）
		广东省住房和城乡建设厅关于印发《粤东西北地区新一轮生活垃圾和污水处理基础设施政府和社会资本合作模式建设操作指引》的通知（粤建城［2016］109 号）
		深圳市人民政府办公厅关于印发《深圳市开展政府和社会资本合作实施方案》的通知（深府办［2017］16 号）
		深圳市发展和改革委员会、深圳市财政委员会关于印发《深圳市政府和社会资本合作（PPP）实施细则》的通知（深发改规［2018］1 号）
		惠州市人民政府办公室关于印发《惠州市推广政府和社会资本合作（PPP）模式实施办法（试行）》的通知（惠府办［2016］27 号）
		珠海市人民政府办公室转发市财政局市发展改革局人民银行珠海中心支行《关于在公共服务领域推广政府和社会资本合作模式实施意见》的通知（珠府办［2015］21 号）

地方法规	广西壮族自治区	广西壮族自治区人民政府办公厅关于印发《广西进一步加快推进 PPP 工作促进经济平稳发展十条措施》的通知（桂政办电［2020］49 号）
		广西壮族自治区人民政府办公厅关于推广运用政府和社会资本合作模式增加公共产品供给的指导意见（桂政办发［2015］65 号）
		广西壮族自治区财政厅关于强化改革确保 PPP 改革实效的通知（桂财金［2016］44 号）
		广西壮族自治区财政厅关于政府和社会资本合作示范项目实施有关问题的通知（桂财金［2015］32 号）
		广西壮族自治区财政厅、广西壮族自治区发展和改革委员会、中国人民银行南宁中心支行关于在公共领域推广运用政府和社会资本合作模式的实施意见（桂财金［2015］87 号）
		北海市人民政府关于印发《北海市政府和社会资本合作项目管理办法》的通知（北政发［2017］46 号）
		南宁市人民政府办公厅关于进一步推广运用政府和社会资本合作模式增加公共产品供给的指导意见（南府办［2016］68 号）
		来宾市人民政府办公室关于来宾市政府与社会资本合作（PPP）模式的实施意见（来政办发［2015］103 号）
		玉林市人民政府办公室关于推广运用政府和社会资本合作（PPP）模式的实施意见（玉政办发［2015］45 号）
	海南省	海南省人民政府关于印发《海南省推广政府和社会资本合作模式以奖代补资金管理暂行办法》的通知（琼府［2017］38 号）
		海南省人民政府关于鼓励在公共服务领域推广政府和社会资本合作模式的实施意见（琼府［2015］95 号）
		海南省财政厅关于印发《政府和社会资本合作模式操作指南（试行）》的通知（琼财债［2015］759 号）
		海口市发展和改革委员会关于做好推广传统基础设施领域 PPP 模式成效明显有关工作的紧急通知（海发改项管［2017］3 号）
		万宁市人民政府办公室关于印发《万宁市政府和社会资本合作（PPP）工作规程（试行）》的通知（万府办［2017］129 号）
		万宁市人民政府办公室关于成立政府和社会资本合作（PPP）模式工作协调领导小组的通知（万府办［2017］77 号）
		东方市人民政府办公室关于进一步加强财政管理规范政府和社会资本合作的通知（东府办［2017］214 号）
		东方市人民政府关于印发《东方市政府和社会资本合作项目管理办法（试行）》的通知（东府［2015］71 号）

地方法规	海南省	三亚市人民政府关于印发《三亚市推广和运用政府和社会资本合作模式的实施意见》的通知（三府［2015］171 号）
	重庆市	重庆市发展和改革委员会关于建立全市 PPP 项目储备库的通知（渝发改投［2016］109 号）
		重庆市国土房管局关于印发《重庆市国有土地一级开发 PPP 项目招标实施细则（试行）》的通知（渝国土房管规发［2016］14 号）
		重庆市发展和改革委员会关于印发《PPP 合作通行协议指导文本》的通知（渝发改投［2014］1444 号）
	四川省	四川省财政厅关于进一步支持民营资本参与政府与社会资本合作（PPP）项目有关问题的通知（川财金［2020］4 号）
		四川省财政厅关于印发《四川省政府与社会资本合作（PPP）专家库专家履职绩效考核办法》的通知（川财规［2020］1 号）
		四川省发展和改革委员会、四川省财政厅、四川省水利厅等关于印发《四川农林水利领域政府和社会资本合作的实施细则》的通知（川发改农经［2017］305 号）
		成都市人民政府关于进一步推进政府和社会资本合作（PPP）的实施意见（成府发［2017］25 号）
		攀枝花市人民政府办公室关于印发《攀枝花市政府与社会资本合作（PPP）项目管理实施细则》的通知（2017.07.17）
		德阳市人民政府关于在公共服务领域推广政府和社会资本合作模式的实施意见（德府发［2016］20 号）
		达州市人民政府关于印发《达州市市级政府和社会资本合作（PPP）项目管理暂行办法》的通知（达市府发［2016］15 号）
		巴中市人民政府关于在公共服务领域推广政府和社会资本合作模式的实施意见（巴府发［2016］13 号）
		自贡市人民政府办公室印发《关于推广政府和社会资本合作模式的指导意见》的通知（自府办发［2015］19 号）
		内江市人民政府关于推广运用政府和社会资本合作模式的实施意见（内府发［2015］8 号）
	贵州省	贵州省人民政府关于进一步推进贵州省城镇市政公用领域政府和社会资本合作的指导意见（黔府发〔2017〕30 号）
		贵州省人民政府办公厅关于推广政府和社会资本合作模式的实施意见（黔府办发［2015］25 号）
		贵阳市人民政府办公厅关于推广运用政府和社会资本合作（PPP）模式的实施意见（筑府办发［2016］16 号）
		安顺市人民政府办公室关于印发《安顺市推进政府与社会资本合作（PPP）工作方案》的通知（安府办函［2016］108 号）

地方法规	贵州省	六盘水市人民政府办公室关于印发《关于推行市中心城区生活垃圾清运项目PPP 模式的指导意见》的通知（六盘水府办发［2016］17 号）
		遵义市人民政府办公室关于印发《遵义市 PPP 投资引导基金设立方案》的通知（遵府办发［2016］22 号）
		黔东南州人民政府办公室关于印发《黔东南州推广政府和社会资本合作（PPP）模式实施意见》的通知（2015.05.15）
	云南省	云南省人民政府办公厅关于在公共服务领域深入推进政府和社会资本合作工作的通知（云政办发［2017］91 号）
		云南省交通运输厅、云南省财政厅、云南省发展和改革委员会关于印发《云南省高速公路政府和社会资本合作项目绩效管理办法（试行）》的通知（2018.06.08）
		文山州人民政府办公室关于印发《文山州 PPP 项目咨询经费管理暂行办法》的通知（文政办发［2017］33 号）
		昆明市人民政府办公厅关于印发《昆明市政府和社会资本合作项目管理暂行办法》《昆明市政府和社会资本合作项目预算管理暂行办法》《昆明市政府和社会资本合作项目政府采购实施细则（暂行）》《昆明市政府和社会资本合作项目绩效评价管理暂行办法》的通知（昆政办［2015］135 号）
		楚雄州人民政府办公室关于印发《楚雄州政府和社会资本合作工作协调机制》的通知（楚政办函〔2015〕45 号）
	西藏自治区	西藏自治区人民政府关于推广政府和社会资本合作模式的实施意见（藏政发［2017］29 号）
		西藏自治区发展和改革委员会关于下达"青海格尔木—西藏拉萨天然气输气管线"PPP 项目前期工作经费的通知（2016.11.16）
	陕西省	陕西省人民政府办公厅关于在公共服务领域推广政府和社会资本合作模式的实施意见（陕政办发［2015］81 号）
		陕西省财政厅关于进一步加强中省 PPP 示范项目规范管理的通知（2018.06.19）
		西安市人民政府办公厅关于加快城建 PPP 项目建设的实施意见（市政办发［2016］88 号）
		宝鸡市人民政府办公室关于成立政府和社会资本合作模式推广运用工作领导小组的通知（宝政办字［2015］30 号）
		宝鸡市人民政府关于加快推进政府和社会资本合作（PPP）项目工作的实施意见（宝政发［2015］26 号）
	甘肃省	甘肃省人民政府办公厅关于印发《甘肃省省级 PPP 项目引导资金管理办法》的通知（甘政办发［2017］133 号）
		甘肃省人民政府办公厅关于印发《甘肃省政府和社会资本合作（PPP）项目工作导则》的通知（甘政办发［2017］37 号）

地方法规	甘肃省	甘肃省发展和改革委员会关于开展政府和社会资本合作的实施意见（2015.02.13）
		武威市人民政府办公室关于进一步做好政府和社会资本合作（PPP）有关工作的通知（2017.03.23）
		武威市人民政府批转市财政局等部门关于在公共服务领域推广政府和社会资本合作模式贯彻意见的通知（武政发〔2016〕147 号）
		天水市人民政府关于创新重点领域投融资机制鼓励推广政府和社会资本合作的实施意见（天政发〔2015〕88 号）
	青海省	青海省人民政府关于在公共服务领域推广政府和社会资本合作模式的实施意见（青政〔2016〕43 号）
		青海省人民政府办公厅转发省财政厅等部门《关于加快推广运用政府和社会资本合作模式有关政策措施等五个措施办法》的通知（附：青海省行政监察机关改善民间投资环境监督检查办法（试行）（青政办〔2016〕128 号）
	宁夏回族自治区	银川市人民政府办公厅关于推进 PPP 建设模式加快地下综合管廊建设的指导意见（银政办发〔2016〕26 号）
		固原市人民政府办公室关于印发《固原市本级推广政府和社会资本合作模式实施意见》的通知（固政办发〔2016〕15 号）
	新疆维吾尔自治区	新疆维吾尔自治区财政厅关于印发《自治区本级政府和社会资本合作项目政府支出责任预算绩效管理暂行办法》的通知（2019.05.05）
		喀什地区行政公署关于建立政府和社会资本合作项目联评联审工作规程的通知（喀署办字〔2016〕93 号）
		新疆维吾尔自治区人民政府办公厅关于在公共服务领域加快推行政府和社会资本合作模式的指导意见（新政办发〔2015〕127 号）

179

附录 *C*

智慧城市相关政策法规

智慧城市政策法规		
部门规章	住房和城乡建设部	住房和城乡建设部办公厅关于成立部科学技术委员会智慧城市专业委员会的通知（建办人〔2019〕80号）
		住房和城乡建设部办公厅、科学技术部办公厅关于公布国家智慧城市2014年度试点名单的通知（建办科〔2015〕15号）
		住房和城乡建设部办公厅关于公布2013年度国家智慧城市试点名单的通知（建办科〔2013〕22号）
		住房和城乡建设部办公厅关于做好国家智慧城市试点工作的通知（建办科〔2013〕5号）
		住房和城乡建设部办公厅关于开展国家智慧城市试点工作的通知（建办科〔2012〕42号）
	国家测绘地理信息局	国家测绘地理信息局关于加快推进智慧城市时空大数据与云平台建设试点工作的通知（国测发〔2017〕15号）
		国家测绘地理信息局办公室关于印发《智慧城市时空大数据与云平台建设技术大纲》（2017年版）的通知（测办发〔2017〕29号）
		国家测绘地理信息局国土测绘司关于推荐智慧城市时空大数据与云平台建设第一批典型案例的函（测国函〔2017〕6号）
		国家测绘地理信息局关于推进数字城市向智慧城市转型升级有关工作的通知（国测国发〔2015〕11号）
		国家测绘地理信息局关于开展智慧城市时空信息云平台建设试点工作的通知（国测国发〔2012〕122号）

部门规章	联合发文	国家发展和改革委员会办公厅、中央网信办秘书局、国家标准委办公室关于组织开展新型智慧城市评价工作务实推动新型智慧城市健康快速发展的通知（发改办高技〔2016〕2476 号）
		国家发展和改革委员会、工业和信息化部、科学技术部等八部门关于印发促进智慧城市健康发展的指导意见的通知（发改高技〔2014〕1770 号）
	其他部门	自然资源部办公厅关于印发《智慧城市时空大数据平台建设技术大纲(2019 版)》的通知（自然资办函〔2019〕125 号）
		国家标准委关于下达《智慧城市评价模型及基础评价指标体系　第 1 部分：总体框架》等 23 项国家标准制修订计划的通知（国标委综合〔2015〕66 号）
标准公告	国家市场监管管理总局	国家标准公告 2018 年第 13 号——关于批准发布《智慧城市信息技术运营指南》等 23 项国家标准和 46 项国家标准外文版的公告（中华人民共和国国家标准公告 2018 年第 13 号）
	国家质量监督检验检疫总局	国家标准公告 2017 年第 26 号——关于批准发布《智慧城市技术参考模型》等 425 项国家标准的公告（国家标准公告 2017 年第 26 号）
		国家标准公告 2016 年第 23 号——关于批准发布《新型智慧城市评价指标》等 292 项国家标准和 23 项国家标准外文版的公告（国家标准公告 2016 年第 23 号）
地方法规	北京市	北京市大数据工作推进小组关于印发《北京市"十四五"时期智慧城市发展行动纲要》的通知（京大数据发〔2021〕1 号）
		北京市人民政府关于印发智慧北京行动纲要的通知（京政发〔2012〕7 号）
		北京市人民政府办公厅关于印发《智慧北京重点工作任务分工和关键指标责任表》的通知（京政办函〔2012〕9 号）
		北京市大兴区人民政府关于印发《大兴区新型智慧城市总体规划》的通知（京兴政发〔2018〕8 号）
		北京市大兴区人民政府关于印发《大兴区推进新型智慧城市建设行动计划（2018—2020 年）》的通知（京兴政发〔2018〕6 号）
		北京市大兴区人民政府办公室关于印发《大兴区新型智慧城市建设工作领导小组及办公室组成方案》的通知（京兴政办发〔2018〕33 号）
	天津市	天津市人民政府办公厅关于转发市工业和信息化委拟定的《天津市推进智慧城市建设行动计划（2015—2017 年）》的通知（津政办发〔2015〕46 号）
		天津市滨海新区人民政府关于印发智慧滨海建设中期实施方案的通知（2012.04.12）
	河北省	河北省发展和改革委员会、中共河北省委网络安全和信息化委员会办公室关于开展河北省第一批新型智慧城市建设试点的通知（冀发改高技〔2020〕263 号）
		河北省人民政府办公厅关于加快推进新型智慧城市建设的指导意见（2019.02.01）
		河北省住房和城乡建设厅关于发布《智慧工地建设技术标准》的公告（河北省住房和城乡建设厅公告 2019 年第 27 号）

地方法规	河北省	河北省发展和改革委员会、河北省工业和信息化厅、河北省科学技术厅、河北省公安厅、河北省财政厅、河北省国土资源厅、河北省住房和城乡建设厅、河北省交通运输厅关于推进智慧城市健康发展和创建工作的通知（冀发改高技〔2014〕1768号）
		石家庄市人民政府关于印发《石家庄市推进智慧城市建设行动计划（2017—2019年）》的通知（石政发〔2017〕23号）
		承德市人民政府办公室关于加强信息资源共享统筹智慧城市建设的通知（承市政办字〔2017〕169号）
		沧州市人民政府办公室关于加快智慧城市建设工作的通知（2015.01.27）
	山西省	大同市智慧城市促进条例（2018.01.25）
		朔州市人民政府办公厅关于印发《朔州市智慧化数字城管项目建设工作方案》的通知（朔政办发〔2017〕88号）
		忻州市人民政府办公厅关于印发《忻州市智慧城市建设实施意见》的通知（忻政办发〔2014〕165号）
		运城市人民政府办公厅关于加快运城生态智慧城生态建设的实施意见（2013.10.31）
		阳泉市人民政府办公厅关于印发《建设智慧阳泉实施方案》的通知（阳政办发〔2013〕120号）
		阳泉市人民政府关于推进智慧阳泉建设的意见（阳政发〔2013〕15号）
	内蒙古自治区	鄂尔多斯市人民政府关于公布《鄂尔多斯市智慧城市建设项目管理办法》的通知（鄂府发〔2017〕208号）
		鄂尔多斯市人民政府办公厅关于印发《推进智慧城市建设工作实施方案》的通知（鄂府办发〔2017〕119号）
		鄂尔多斯市人民政府办公厅关于印发《智慧鄂尔多斯总体规划》的通知（鄂府办发〔2015〕138号）
		兴安盟行政公署办公厅关于加快"兴安盟智慧城市与大数据应用平台"项目建设的通知（兴署办字〔2017〕51号）
		赤峰市人民政府办公厅关于印发《智慧赤峰建设方案》的通知（赤政办发〔2016〕20号）
		阿拉善盟行政公署关于印发《智慧阿拉善建设暂行管理办法》的通知（阿署发〔2015〕140号）
		阿拉善盟行政公署关于推进"互联网+"行动建设"智慧阿拉善"的指导意见（阿署发〔2015〕89号）
		呼和浩特市人民政府关于印发《"智慧呼和浩特"建设方案》的通知（呼政字〔2015〕11号）

地方法规	辽宁省	朝阳市人民政府关于印发《朝阳市智慧城市建设总体规划》的通知（朝政发〔2018〕15 号）
		抚顺市人民政府办公厅关于印发《抚顺市"智慧城市"建设三年行动计划（2018—2020 年）》的通知（抚政办发〔2018〕60 号）
		鞍山市人民政府办公厅关于印发《立足智慧服务建设"智慧鞍山"实施方案》的通知（鞍政办发〔2018〕16 号）
		丹东市人民政府关于印发《智慧丹东建设总体规划（2017—2020 年）》的通知（丹政发〔2017〕40 号）
		丹东市人民政府办公室关于印发《智慧丹东建设实施方案（2017—2020 年）》的通知（丹政办发〔2017〕69 号）
		锦州市人民政府关于印发《锦州智慧城市建设总体规划（2017—2022 年）》的通知（锦政发〔2017〕62 号）
		辽阳市人民政府办公室关于加强全市通信基础设施建设与保护促进智慧辽阳建设的实施意见（辽市政办发〔2017〕3 号）
		沈阳市人民政府关于印发《沈阳市智慧城市总体规划（2016—2020 年）》的通知（沈政发〔2015〕66 号）
		大连市人民政府关于印发《大连市城市智慧化建设总体规划（2014—2020）》的通知（大政发〔2014〕31 号）
	吉林省	吉林省住房和城乡建设厅、吉林省科学技术厅关于开展智慧城市试点工作督查的通知（2015.12.21）
	黑龙江省	齐齐哈尔市人民政府办公室关于印发《2019 年智慧政务建设工作攻坚方案》的通知（齐政办发〔2019〕6 号）
		双鸭山市人民政府办公室关于成立双鸭山市智慧城市建设领导小组的通知（双政办发〔2017〕21 号）
	上海市	中共上海市委、上海市人民政府关于进一步加快智慧城市建设的若干意见（2020.2.10）
		中国（上海）自由贸易试验区临港新片区管理委员会关于印发《中国（上海）自由贸易试验区临港新片区智慧城市建设项目管理办法》的通知（2020.04.02）
		上海市人民政府办公厅关于成立上海市智慧城市建设领导小组的通知（沪府办〔2019〕77 号）
		上海市人民政府关于印发《上海市推进智慧城市建设"十三五"规划》的通知（沪府发〔2016〕80 号）
		上海市黄浦区人民政府办公室关于印发《黄浦区全面推进"一网通办"加快建设智慧政府实施意见》的通知（黄府办发〔2018〕043 号）

地方法规	上海市	上海市黄浦区人民政府办公室关于印发《黄浦区推进智慧城区建设三年行动计划（2017—2019）》的通知（黄府办发［2017］25号）
		上海市金山区人民政府关于印发《金山区智慧城市建设三年行动计划（2018—2020年)》的通知（金府发［2018］15号）
		上海市静安区人民政府办公室关于转发区科委《静安区推进智慧城区建设三年行动方案（2014—2016)》的通知（静府发［2015］8号）
		上海市经济信息化委、上海市民政局、上海市精神文明建设委员会办公室关于印发《上海市智慧社区建设指南（试行)》的通知（沪经信推［2013］782号）
		上海市经济和信息化委员会关于开展智慧城市市民体验工作的通知（沪经信基［2012］492号）
		上海市闵行区人民政府关于批转闵行区推进"智慧闵行"建设行动计划的通知（闵府发［2012］21号）
		上海市推进智慧城市建设2011—2013年行动计划（2011.09.07）
	江苏省	江苏省人民政府办公厅关于印发《智慧江苏建设三年行动计划（2018—2020年）》的通知（苏政办发［2018］70号）
		中共无锡市委、无锡市人民政府关于印发《无锡市推进新型智慧城市建设三年行动计划（2018—2020年）》的通知（2018.08.06）
		南通市人民政府办公室关于印发《南通市2020年度市级智慧城市项目建设计划》的通知（通政办发〔2020〕53号）
		南通市人民政府办公室关于转发市智慧办市财政局《南通市市级智慧城市建设项目管理操作规程》的通知（通政办发［2016］115号）
		常州市人民政府关于印发《全面推进"一网通办"加快建设智慧政府实施方案》的通知（常政发［2018］69号）
		南京市人民政府办公厅关于印发《"十三五"智慧南京发展规划》的通知（宁政办发［2017］26号）
		无锡市信息化和无线电管理局、无锡市财政局关于发布《无锡市智慧城市建设资金管理实施细则》的通知（锡信［2016］31号、锡工财贸［2016］19号）
		盐城市人民政府办公室关于印发《智慧盐城建设行动方案（2015—2017年)》的通知（2015.09.02）
		盐城市人民政府关于推进智慧盐城建设的实施意见（盐政发［2015］124号）
		淮安市人民政府关于进一步加快淮安智慧谷建设的实施意见（淮政发［2015］149号）
		南通市人民政府关于印发《南通市2015年智慧城市建设计划》的通知（通政发［2015］25号）

续表

地方法规	江苏省	宿迁市人民政府办公室关于印发《智慧宿迁中长期发展规划（2014—2020）》的通知（宿政办发［2014］218号）
		江苏省人民政府关于推进智慧江苏建设的实施意见（苏政发［2014］103号）
		江苏省人民政府办公厅关于印发《智慧江苏建设行动方案（2014－2016年）》的通知（苏政办发［2014］77号）
		徐州市人民政府关于加快推进"智慧徐州"建设的实施意见（徐政发［2014］27号）
		南京市人民政府关于印发《智慧南京顶层设计总体方案》的通知（宁政发［2013］185号）
		常州市人民政府关于印发《常州智慧城市发展规划（2012—2016年）》的通知（常政发［2012］118号）
		南京市人民政府关于印发《南京市"十二五"智慧城市发展规划》的通知（宁政发［2011］303号）
	浙江省	浙江省住房和城乡建设厅关于印发《浙江省推进智慧城管发展三年行动计划（2018—2020年）》的通知（建城发［2018］294号）
		浙江省住房和城乡建设厅办公室关于转发《智慧社区建设指南（试行）》的通知（2014.07.29）
		湖州市人民政府办公室关于印发《2020年湖州市加快政府数字化转型打造现代智慧城市工作推进计划》的通知（湖政办发〔2020〕3号）
		金华市人民政府办公室关于印发《金华智慧城市建设三年行动计划（2015—2017年）》的通知［失效］（金政办发［2016］11号）
		杭州市人民政府办公厅关于印发《杭州市推进智慧城管建设运行工作实施方案》的通知（杭政办函［2015］144号）
		衢州市人民政府办公室关于印发《衢州市推进智慧城市建设行动计划（2015—2017）》的通知（衢政办发［2015］60号）
		绍兴市人民政府关于印发《绍兴市智慧城市建设规划纲要》的通知（绍政发［2015］28号）
		台州市人民政府办公室关于印发《台州智慧城市发展规划》的通知（台政办发［2014］162号）
		宁波国家高新区管委会办公室关于印发《高新区智慧城管协同处置运行实施方案（试行）》的通知（甬高新办［2014］26号）
		宁波梅山保税港区管理委员会关于印发《智慧梅山创建行动纲要（2014—2018）》的通知（甬梅保政［2014］9号）
		宁波市保税区管委会关于印发《2012年宁波保税区加快创建智慧城市行动计划》的通知（甬保税政［2012］41号）

地方法规	浙江省	舟山市人民政府关于印发《智慧舟山建设纲要——舟山市国民经济和社会信息化"十二五"发展规划》的通知（舟政发〔2012〕49号）
		杭州市经济和信息化委员会关于印发《智慧杭州建设总体规划（2012—2015）》的通知（杭经信推进〔2012〕430号）
		浙江省人民政府关于务实推进智慧城市建设示范试点工作的指导意见（浙政发〔2012〕41号）
		嘉兴市人民政府关于印发《嘉兴市"智慧城市"发展规划（2011－2015年）》的通知（嘉政发〔2011〕85号）
		宁波市人民政府关于印发《推进宁波市智慧城管建设工作方案》的通知（甬政发〔2011〕68号）
	安徽省	安徽省自然资源厅关于转发《智慧城市时空大数据平台建设技术大纲(2019版)》的通知（皖自然资函〔2019〕454号）
		安徽省人民政府办公厅关于印发《全省智慧社区建设试点工作方案（2018—2020）》的通知（皖政办秘〔2018〕280号）
		安徽省住房和城乡建设厅关于推进智慧城管建设的指导意见（建督〔2018〕72号）
		黄山市人民政府办公厅关于印发《黄山市智慧城市建设规划（2018—2020年）》的通知（2018.08.21）
		蚌埠市人民政府办公室关于印发《蚌埠市推进新型智慧城市建设（2017—2018年）工作分工》的通知（蚌政办秘〔2017〕169号）
		阜阳市人民政府关于印发《阜阳市智慧城市重点项目和专项资金管理办法》的通知（阜政办秘〔2014〕25号）
		淮北市人民政府办公室关于印发《淮北市智慧城市重点建设项目和专项资金管理办法》的通知（2013.06.18）
		滁州市人民政府办公室关于全力配合中国电信滁州分公司进行"智慧城市，光网滁州"建设的通知（滁政办秘〔2011〕49号）
	福建省	福建省人民政府关于数字福建智慧城市建设的指导意见（闽政〔2014〕14号）
		泉州市人民政府关于印发《泉州市推进智慧城市建设三年行动方案(2016—2018年)》的通知（泉政文〔2016〕79号）
		泉州市人民政府关于印发《泉州"智慧城市"规划纲要（2014—2020年）》的通知（泉政文〔2014〕123号）
		龙岩市人民政府办公室关于印发《龙岩市智慧旅游城市建设行动计划（2014—2015年）》的通知（龙政办〔2014〕144号）
		厦门市人民政府办公厅关于印发《"十二五"信息化发展专项规划（智慧厦门2015行动纲要）》的通知（2011.12.27）

地方法规	江西省	江西省工业和信息化厅关于推荐智慧城市典型解决方案和地区实践的通知（2019.09.02）
		鹰潭市智慧城市促进条例（2020.09.01）
		宜春市人民政府办公室关于印发《"智慧宜春"公共信用信息平台建设方案》的通知（宜府办字〔2017〕109号）
		上饶市人民政府关于印发《"智慧上饶"建设实施方案》的通知（饶府字〔2015〕51号）
	山东省	山东省人民政府办公厅关于加快推进新型智慧城市建设的指导意见鲁政办字（〔2020〕136号）
		淄博市人民政府办公室关于印发《淄博市新型智慧城市试点示范建设实施方案》的通知（淄政办字〔2020〕44号）
		淄博市人民政府办公厅关于印发《淄博市新型智慧城市总体规划纲要（2017—2021）实施方案》的通知（淄政办字〔2017〕124号）
		淄博市人民政府关于印发《淄博市新型智慧城市总体规划纲要（2017—2021）》的通知（淄政发〔2017〕15号）
		淄博市人民政府关于推进智慧城市建设的意见（淄政发〔2013〕42号）
		济宁市人民政府关于印发《济宁新型智慧城市顶层设计规划纲要》的通知（济政字〔2019〕4号）
		济宁市智慧城市促进条例（2017.01.18）
		东营市人民政府办公室关于印发《智慧东营建设项目管理办法》的通知（东政办发〔2018〕17号）
		东营市人民政府关于加快推进智慧城市建设的意见（东政发〔2016〕22号）
		菏泽市人民政府关于加强智慧城市建设的意见（菏政发〔2017〕31号）
		泰安市人民政府办公室关于加快推进智慧泰安建设的意见（泰政办发〔2016〕9号）
		烟台市人民政府办公室关于印发《烟台市智慧城市建设规划》的通知（2014.04.25））
		济南市人民政府办公厅关于实施"智慧泉城"建设的意见（济政办发〔2013〕21号）
		山东省人民政府办公厅关于开展"智慧山东"试点工作的意见（鲁政办发〔2013〕3号）
	河南省	河南省人民政府办公厅关于加快推进新型智慧城市建设的指导意见（豫政办〔2020〕27号）
		洛阳市人民政府办公室关于加强政务信息化和智慧城市建设工作的通知（洛政办〔2020〕39号）

地方法规	河南省	安阳市人民政府关于印发《安阳市推进大数据发展工作方案和加快推进智慧城市建设工作方案》的通知（安政［2018］4号）
		商丘市人民政府办公室关于印发《商丘市新型智慧城市建设总体规划（2017—2021）》的通知（商政办［2017］155号）
		商丘市人民政府关于推进新型智慧城市建设的实施意见（商政［2017］21号）
		南阳市人民政府办公室关于印发《南阳市智慧城市建设项目管理办法》的通知（宛政办［2016］13号）
		南阳市人民政府关于印发《南阳市智慧城市建设规划纲要（2014—2018年）》的通知（宛政［2014］63号）
		新乡市人民政府办公室关于印发《新乡市促进智慧城市健康发展实施意见（2015—2017年）》的通知（新政办［2015］149号）
		鹤壁市人民政府关于印发《智慧鹤壁建设2013年实施方案》的通知（鹤政［2013］21号）
		周口市人民政府办公室关于印发《智慧周口建设工作推进方案》的通知（周政办［2013］44号）
	湖北省	湖北省人民政府关于加快推进智慧湖北建设的意见（鄂政发［2015］52号）
		湖北省人民政府办公厅关于印发《加快推进智慧湖北建设行动方案（2015—2017年）》的通知（鄂政办发［2015］55号）
		湖北省住房和城乡建设厅关于加快推进智慧城市建设试点工作的实施意见（鄂建文［2016］70号）
		湖北省住房和城乡建设厅关于做好国家智慧城市建设试点工作的通知（鄂建文［2014］15号）
		湖北省住房和城乡建设厅办公室关于转发《中国智慧城市试点过程管理细则（试行）》的通知（鄂建办［2013］255号）
		武汉市人民政府办公厅关于印发《武汉市加快推进新型智慧城市建设实施方案》的通知（武政办〔2020〕114号）
		武汉市人民政府关于印发《武汉市智慧园区建设工作方案》的通知（武政［2016］32号）
		五峰土家族自治县人民政府办公室关于印发《智慧五峰建设三年行动计划（2016~2018年）》的通知（五政办发［2016］46号）
		咸宁市人民政府办公室关于印发《智慧咸宁建设行动计划（2016—2017年）》的通知（咸政办发［2016］21号）
		鄂州市人民政府办公室关于加快推进智慧鄂州建设的意见（鄂州政办发［2016］16号）

地方法规	湖北省	荆门市人民政府关于加快推进智慧荆门建设的意见（荆政发［2016］2 号）
		荆州市人民政府办公室关于印发《加快推进智慧荆州建设行动方案（2015—2017 年）》的通知（荆政办发［2015］37 号）
		黄冈市人民政府关于印发《智慧黄冈总体规划》的通知（黄政发［2014］13 号）
	湖南省	湖南省国土资源厅办公室关于印发《市县一体化智慧城市时空大数据与云平台建设技术大纲》的通知（湘国土资办发［2018］93 号）
		湖南省住房和城乡建设厅关于印发《"智慧住建"发展规划（2018—2020）》的通知（湘建［2018］4 号）
		长沙市人民政府关于加快建设新型智慧城市示范城市的决定（长政发〔2020〕10 号）
		娄底市人民政府办公室关于印发《娄底市智慧娄底建设管理办法》的通知（娄政办发［2018］33 号）
		长沙市人民政府关于印发《长沙市新型智慧城市建设管理应用办法》的通知（长政发［2017］18 号）
		长沙市人民政府办公厅关于印发《智慧长沙发展总体规划（2016—2020）》的通知（长政办函［2017］11 号）
		湘西自治州人民政府关于加快推进"互联网+湘西"暨"智慧湘西"建设的实施意见（州政发［2016］25 号）
		湘潭市人民政府办公室关于印发《"智慧湘潭"建设规划（2011—2015 年）》的通知（潭政办发［2012］62 号）
	广东省	广东省人民政府关于惠州潼湖生态智慧区总体规划（2017—2035 年）的批复（粤府函［2018］342 号）
		广东省发展和改革委员会关于印发《惠州潼湖生态智慧区规划建设工作方案》的通知（粤发改区域函［2016］1951 号
		广州市工业和信息化委、市财政局关于印发《广州市智慧广州专项资金管理办法》的通知（穗工信规字［2016］1 号）
		广东省人民政府办公厅关于印发推进珠江三角洲地区智慧城市群建设和信息化一体化行动计划（2014—2020 年）的通知（粤办函［2014］524 号）
		深圳市人民政府关于印发《新型智慧城市建设总体方案》的通知（深府［2018］47 号）
		深圳市人民政府办公厅关于印发《智慧深圳建设实施方案（2013—2015 年）》的通知（深府办［2013］20 号）
		增城市人民政府办公室关于印发《智慧增城建设方案》的通知（增府办［2013］2 号）

地方法规	广东省	云浮市人民政府办公室关于印发《云浮市智慧城市建设规划（2011—2015 年)》的通知（云府办［2012］104 号）
		中共广州市委、广州市人民政府关于建设智慧广州的实施意见（2012.09.19）
		汕尾市人民政府办公室关于印发《汕尾市"智慧城市"建设实施方案》的通知（汕府办函［2011］77 号）
		广东省人民政府办公厅关于加快发展物联网建设智慧广东的实施意见（粤府办［2010］66 号）
	广西壮族自治区	广西壮族自治区人民政府办公厅关于印发"壮美广西·智慧广电"工程实施方案》的通知（桂政办发［2019］37 号）
		贵港市人民政府办公室关于印发《贵港市智慧城市项目管理办法》的通知（贵政办发［2017］50 号）
		钦州市人民政府办公室关于印发《"智慧钦州"建设项目和资金管理暂行办法》的通知（钦政办［2016］10 号）
		南宁市人民政府关于印发《"智慧南宁"建设总体规划（2014—2020 年)》的通知（南府发［2014］12 号）
	海南省	海南省卫生和计划生育委员会办公室关于印发《海南省智慧医院建设实施方案》的通知（琼卫办规划发［2016］21 号）
		五指山市人民政府办公室关于应用五指山市智慧之眼LED显示屏推动我市信息公开工作的通知（五府办［2016］102 号）
	重庆市	重庆市人民政府办公厅关于推进智慧城管建设的指导意见（渝府办发［2016］119 号）
		重庆市人民政府办公厅关于印发《重庆市深入推进智慧城市建设总体方案（2015—2020 年)》的通知（渝府办发［2015］135 号）
	四川省	绵阳市人民政府办公室关于印发《绵阳市新型智慧城市建设总体方案和绵阳市城市服务平台建设工作推进方案》的通知（绵府办发〔2020〕13 号）
		攀枝花市人民政府关于攀枝花市智慧城市特许授权的批复（2017.07.21）
		攀枝花市人民政府办公室关于印发《攀枝花市智慧城市建设总体方案》的通知（攀府发［2017］1 号）
		宜宾市人民政府办公室关于印发《宜宾市新型智慧城市建设规划》的通知（2017.07.17）
		巴中市人民政府关于印发"智慧巴中"建设实施意见》的通知（巴府发［2016］21 号）
		资阳市人民政府办公室关于加快推进智慧资阳建设的实施意见（资府办发［2016］56 号）

地方法规	四川省	德阳市人民政府办公室关于印发《德阳市加快智慧城市建设 2015－2016 年行动计划》的通知（2015.11.13）
		甘孜藏族自治州人民政府办公室关于印发《甘孜州 2015—2016 年"互联网+"智慧甘孜工作重点方案》的通知（甘办发〔2015〕41 号）
		泸州市人民政府关于印发《智慧城市建设实施意见及泸州市推进智慧城市建设三年行动计划》的通知（泸市府函〔2015〕128 号）
		内江市人民政府办公室关于印发《内江市"智慧田园"建设方案》的通知（内府办发〔2015〕30 号）
		广元市人民政府办公室关于印发《"智慧广元·芯心相通"信息化项目建设工作方案》的通知（广府办函〔2014〕174 号）
	贵州省	贵州省住房和城乡建设厅关于印发《贵州省房屋市政工程智慧工地数字监管服务平台建设工作方案》的通知（黔建建字〔2020〕76 号）
		贵阳市人民政府办公厅转发市城管局关于《贵阳市城市管理智慧城管体系建设工作方案》的通知（筑府办函〔2018〕23 号）
		铜仁市人民政府办公室关于印发《铜仁市创建国家智慧城市工作方案》的通知（铜府办发〔2015〕157 号）
	云南省	曲靖市人民政府办公室关于加快推进智慧曲靖大数据建设应用工作的通知（曲政办发〔2019〕47 号）
		玉溪市人民政府关于玉溪市加快推进新型智慧城市建设的实施意见（玉政发〔2018〕16 号）
		中共昆明市委办公厅、昆明市人民政府办公厅关于加快推进智慧城市建设的实施意见（昆办通〔2016〕88 号）
		普洱市人民政府关于加快推进"智慧普洱"建设的实施意见（普政发〔2012〕90 号）
	西藏自治区	西藏自治区人民政府办公厅关于印发《西藏自治区推进"互联网+政务服务"实施方案》的通知（藏政办发〔2017〕156 号）
		拉萨市新型智慧城市顶层设计（2017.12）
	陕西省	陕西省人民政府办公厅关于加快推进全省新型智慧城市建设的指导意见（陕政办发〔2018〕47 号）
		陕西省人民政府关于支持汉中航空智慧新城建设的意见（陕政发〔2015〕2 号）
		咸阳市人民政府办公室关于增加"智慧旅游"和"智慧信用"为智慧城市重点建设项目的通知（咸政办发〔2012〕53 号）
		咸阳市人民政府办公室关于分解落实智慧城市重点项目建设工作任务的通知（咸政办发〔2011〕147 号）

地方法规	甘肃省	兰州市人民政府办公厅关于印发《兰州市"十三五"智慧城市发展规划》的通知（兰政办发［2017］188 号）
		兰州市人民政府办公厅关于印发《兰州智慧城市建设与文化产业发展规划》的通知（兰政办发［2015］151 号）
		天水市人民政府办公室关于印发《智慧天水光网城市建设工作方案》的通知（天政办发［2015］20 号）
		甘肃省住房和城乡建设厅关于加快国家智慧城市试点建设工作的通知（甘建科［2013］574 号）
		中共平凉市委办公室　平凉市人民政府办公室关于印发《"智慧平凉"建设总体规划（2013—2020 年）》的通知（平办发［2013］46 号）
	青海省	青海省人民政府办公厅关于印发《青海省推进智慧广电建设实施方案》的通知（青政办［2019］83 号）
		海东市人民政府办公室关于转发《建设智慧城市促进信息消费实施意见》的通知（东政办［2014］36 号）
	宁夏回族自治区	银川市人民政府办公室关于印发《银川市推进智慧社区建设实施意见》的通知（银政办发〔2020〕59 号）
		宁夏回族自治区人民政府办公厅关于加快新型智慧城市建设的实施意见（宁政办发［2017］101 号）
		宁夏回族自治区人民政府办公厅关于印发《"宽带中国·智慧宁夏"实施意见》的通知（宁政办发［2012］171 号）
		宁夏回族自治区住房和城乡建设厅、宁夏回族自治区信息化建设办公室关于印发《推进全区住房城乡建设领域智慧化暨"住建云"建设的实施意见（2017—2020）》的通知（2017.07.17）
		中共银川市委办公厅　银川市人民政府办公厅关于印发《银川市智慧城市+扶贫行动实施意见》的通知（银党办［2017］11 号）
		银川市智慧城市建设促进条例（2016.09.02）
		银川市人民政府办公厅关于推进智慧城市三维城市规划辅助决策系统建设有关工作的通知（银政办函［2016］42 号）
		宁夏回族自治区人民政府办公厅印发《关于支持中国移动宁夏公司沿黄经济区无线智慧城市群建设意见》的通知（宁政办发［2011］150 号）
	新疆维吾尔自治区	伊犁哈萨克关于印发《自治州进一步深化"互联网+政务服务"推进政务服务"一网、一门、一次"改革分工方案》的通知（伊州政办发［2019］3 号）
		伊犁哈萨克自治州加快"智慧支付工程"建设实施意见（伊州政办发［2018］5 号）
		伊犁哈萨克自治州人民政府关于成立"智慧伊犁"信息化建设发展规划编制课题组的通知（伊州政办发［2011］26 号）

智慧城市 PPP 政策	山东省	淄博市人民政府关于推进新型智慧城市体制机制建设的实施意见（淄政发〔2018〕16号）
	黑龙江	黑龙江省住房和城乡建设厅关于采取 PPP 模式建设城市管理云的实施意见（黑建发〔2016〕8号）
	福建省	福建省发展和改革委员会关于印发《数字福建公共平台开展政府和社会资本合作建设运营管理暂行办法》的通知（闽发改数字〔2015〕661号）
	江苏省	淮安市人民政府办公室关于印发《淮安市"智慧淮安"PPP 项目管理暂行办法》的通知（淮政办发〔2016〕128号）

附录 ***D***

智慧城市 PPP 项目列表

财政部 PPP 中心智慧城市入库项目（截至 2020 年 12 月）										
序号	所属省	项目名称	项目总投资/万元	所处阶段	发起时间	项目示范级别/批次	回报机制	合作期限/年	运作模式	采购方式
1	安徽省	合肥高新区智慧城市管理运营项目	271000.00	执行阶段	2014-12-15	第二批国家级示范	可行性缺口补助	15	BOT	公开招标
2	湖南省	湘潭市"新型智慧城市"PPP项目	285678.00	执行阶段	2016-7-6	第三批国家级示范	可行性缺口补助	12	BOT	竞争性磋商
3	福建省	福建省泉州市公安智能交通系统工程（一期）PPP项目	13911.82	执行阶段	2016-5-18	第三批国家级示范	政府付费	11	其他	公开招标
4	安徽省	安徽省淮南智慧城市民生领域建设PPP项目（智慧医疗）	12595.00	执行阶段	2015-7-29	第三批国家级示范	政府付费	10	BOT	竞争性磋商
5	湖北省	智慧老河口	7343.00	执行阶段	2015-2-2	第三批国家级示范	可行性缺口补助	15	TOT+BOT	竞争性磋商

续表

序号	所属省	项目名称	项目总投资/万元	所处阶段	发起时间	项目示范级别/批次	回报机制	合作期限/年	运作模式	采购方式
6	山东省	山东省济宁市任城区山东智慧城市产业园建设项目	322464.24	执行阶段	2015-4-6	第三批国家级示范/第二批省级示范	政府付费/使用者付费	30	BOO	竞争性磋商
7	山东省	山东省滨州市阳信县"智慧阳信"项目	94000.00	执行阶段	2014-10-17	第三批国家级示范/第一批省级示范	可行性缺口补助	13	BOT	竞争性磋商
8	浙江省	浙西数据中心	12103.00	执行阶段	2016-1-7	第三批省级示范	可行性缺口补助	10	BOT	公开招标
9	山东省	山东省章丘市智慧城市视频监控"天网"工程PPP项目	9598.00	执行阶段	2016-1-1	第三批省级示范	政府付费	10	BOT	公开招标
10	湖南省	宁乡县智慧城市	46100.00	执行阶段	2015-11-15	第三批省级示范	使用者付费	14	其他	公开招标
11	内蒙古自治区	内蒙古自治区通辽市视频信息共享平台	13800.00	执行阶段	2015-8-1	第三批省级示范	政府付费	11	BOT	竞争性谈判
12	山东省	山东省日照市五莲县智慧交通和智慧城管建设项目	8876.00	执行阶段	2015-5-10	第三批省级示范	政府付费	10	BOT	竞争性磋商
13	湖北省	湖北省恩施州来凤县互联网大数据中心项目	178080.65	执行阶段	2017-5-5	第四批国家级示范	可行性缺口补助	20	BOT	公开招标
14	新疆维吾尔自治区	新疆维吾尔自治区阿克苏地区数字阿克苏地理空间数据服务平台建设PPP项目	88632.11	执行阶段	2017-2-16	第四批国家级示范	可行性缺口补助	30	BOT	竞争性磋商

序号	所属省	项目名称	项目总投资/万元	所处阶段	发起时间	项目示范级别/批次	回报机制	合作期限/年	运作模式	采购方式
15	湖南省	湖南省湘西州凤凰县智慧城市建设PPP项目	200971.93	执行阶段	2017-1-10	第四批国家级示范	使用者付费	20	其他	公开招标
16	内蒙古自治区	内蒙古自治区阿拉善盟智慧阿拉善（一期）项目	34263.62	执行阶段	2016-10-1	第四批国家级示范/第四批省级示范	政府付费	13	BOT	竞争性磋商
17	山东省	山东省威海市乳山市平安城市工程PPP项目	16618.79	执行阶段	2017-1-18	第四批省级示范	可行性缺口补助	16	BOT	竞争性磋商
18	山东省	龙口市城市智能体和大数据中心PPP项目	80598.00	准备阶段	2020-7-7	暂无	可行性缺口补助	11	BOT	公开招标
19	新疆维吾尔自治区	且末县智慧城市PPP项目	20500.00	执行阶段	2020-3-16	暂无	可行性缺口补助	20	TOT	公开招标
20	河北省	河北省唐山市乐亭县智慧新城项目	269615.81	采购阶段	2020-3-16	暂无	可行性缺口补助	20	BOT	公开招标
21	河北省	河北省石家庄市裕华区"品质裕华·智慧大脑"项目	24493.00	采购阶段	2020-3-16	暂无	可行性缺口补助	15	BOT	公开招标
22	甘肃省	天水市智慧城市项目	22600.66	采购阶段	2020-5-9	暂无	可行性缺口补助	11	TOT+BOT	公开招标
23	陕西省	"智慧汉中"PPP项目	50202.00	采购阶段	2019-8-12	暂无	可行性缺口补助	15	BOT	公开招标
24	安徽省	安徽省池州市江南产业集中区智慧交通PPP项目	3164.30	准备阶段	2019-7-18	暂无	可行性缺口补助	15	BOT	公开招标
25	安徽省	铜陵市智能交通科技基础设施建设PPP项目	11887.00	执行阶段	2019-7-11	暂无	可行性缺口补助	12	BOT	公开招标

续表

序号	所属省	项目名称	项目总投资/万元	所处阶段	发起时间	项目示范级别/批次	回报机制	合作期限/年	运作模式	采购方式
26	河北省	河北省定州市智慧城市建设项目	56500.00	准备阶段	2019-6-3	暂无	可行性缺口补助	16	BOT	公开招标
27	湖南省	湖南省华容县新型智慧城市建设PPP项目	30155.21	采购阶段	2019-1-15	暂无	可行性缺口补助	15	TOT+BOT	公开招标
28	广西壮族自治区	桂平市智慧城市建设PPP项目	25165.00	执行阶段	2019-1-1	暂无	可行性缺口补助	10	BOT	竞争性磋商
29	广西壮族自治区	广西贵港市平南县智慧城市项目	56718.93	执行阶段	2018-12-25	暂无	政府付费	10	BOT	竞争性磋商
30	贵州省	贵州省桐梓县"智慧桐梓"建设PPP项目	34981.00	准备阶段	2018-12-1	暂无	可行性缺口补助	14	其他	公开招标
31	云南省	云南省普洱市景东彝族自治县城市智慧化建设PPP项目	12160.00	执行阶段	2018-8-10	暂无	可行性缺口补助	10	BOT	公开招标
32	陕西省	碑林区智慧社区PPP项目	17578.45	准备阶段	2018-7-30	暂无	可行性缺口补助	12	BOT	公开招标
33	江西省	上饶市大数据云中心PPP项目	134093.30	执行阶段	2018-6-29	暂无	可行性缺口补助	20	其他	公开招标
34	福建省	闽南数据湖产业园项目	92752.00	准备阶段	2018-6-4	暂无	可行性缺口补助	17	BOT	公开招标
35	山东省	山东省潍坊市寿光市平安城市建设PPP项目	30190.03	准备阶段	2018-5-18	暂无	可行性缺口补助	10	BOT	公开招标
36	河北省	河北省石家庄市鹿泉区新型智慧城市PPP项目	63467.00	采购阶段	2018-3-11	暂无	可行性缺口补助	18	BOT	竞争性磋商
37	天津市	天津市津南区"智慧津南"及数据湖（一期）建设PPP项目	225806.29	执行阶段	2018-3-1	暂无	可行性缺口补助	18	BOT	公开招标

续表

序号	所属省	项目名称	项目总投资/万元	所处阶段	发起时间	项目示范级别/批次	回报机制	合作期限/年	运作模式	采购方式
38	江西省	丰城市智慧城市建设项目	69284.51	执行阶段	2018-2-15	暂无	可行性缺口补助	15	TOT+BOT	竞争性磋商
39	山东省	智慧邹城（一期）政府和社会资本合作PPP项目	17731.05	执行阶段	2018-1-12	暂无	可行性缺口补助	11	BOT	公开招标
40	山东省	商河县智慧城市管理平台PPP项目	22029.00	采购阶段	2017-12-5	暂无	可行性缺口补助	11	BOT	公开招标
41	福建省	长汀（原中央苏区）智能运营中心PPP项目	24065.90	执行阶段	2017-11-20	暂无	政府付费	15	BOT	公开招标
42	贵州省	赫章县智慧赫章建设PPP项目	67972.00	采购阶段	2017-11-1	暂无	可行性缺口补助	17	BOT	公开招标
43	吉林省	吉林省延边朝鲜自治州延吉市延吉数据湖基础设施项目（PPP）	63529.12	执行阶段	2017-10-2	暂无	可行性缺口补助	17	其他	公开招标
44	陕西省	西咸新区空港新城"智慧空港"PPP项目	7324.10	执行阶段	2017-9-30	暂无	可行性缺口补助	11	BOT	公开招标
45	广西壮族自治区	广西壮族自治区南宁市武鸣区平安武鸣PPP项目	14421.08	执行阶段	2017-9-27	暂无	可行性缺口补助	10	其他	公开招标
46	江苏省	江苏省泰州市华东数据湖产业园及智慧姜堰PPP项目	366084.15	执行阶段	2017-8-14	暂无	可行性缺口补助	18	BOT	公开招标
47	河北省	河北省承德市丰宁满族自治县智慧城市项目	4853.65	执行阶段	2017-8-10	暂无	可行性缺口补助	11	BOT	公开招标
48	河南省	内乡县教育信息化扶贫整县推进项目	29711.40	执行阶段	2017-8-3	暂无	政府付费	16	BOT	公开招标

续表

序号	所属省	项目名称	项目总投资/万元	所处阶段	发起时间	项目示范级别/批次	回报机制	合作期限/年	运作模式	采购方式
49	河北省	河北省沧州市河间市智慧交通和疏堵保畅工程项目	4170.00	执行阶段	2017-8-1	暂无	使用者付费	11	BOT	公开招标
50	湖南省	智慧双牌（二期）PPP项目	14648.00	执行阶段	2017-7-12	暂无	可行性缺口补助	11	BOT	公开招标
51	广西壮族自治区	广西贵港市智慧城市建设PPP项目	265844.00	执行阶段	2017-7-9	暂无	政府付费	10	BOT	竞争性磋商
52	黑龙江省	黑龙江省双鸭山市智慧城市PPP项目	24100.00	执行阶段	2017-7-6	暂无	可行性缺口补助	10	BOT	公开招标
53	福建省	福建省泉州市惠安县智慧城市PPP项目	49022.00	执行阶段	2017-7-6	暂无	政府付费	14	BOT	公开招标
54	新疆维吾尔自治区	新疆维吾尔自治区吐鲁番智慧城市建设项目一期	16157.23	执行阶段	2017-6-12	暂无	政府付费	11	BOT	公开招标
55	青海省	贵德县智慧城市建设PPP项目	32583.00	执行阶段	2017-5-22	暂无	可行性缺口补助	25	BOT	公开招标
56	江苏省	泰兴智慧城市及周边配套设施建设项目	244917.00	执行阶段	2017-5-1	暂无	可行性缺口补助	13	其他	公开招标
57	新疆维吾尔自治区	新疆沙湾县智慧（平安）项目	10510.00	执行阶段	2017-5-1	暂无	政府付费	11	BOT	公开招标
58	山东省	山东省聊城市东阿县智慧城市建设项目	49516.00	执行阶段	2017-3-15	暂无	可行性缺口补助	25	BOT	公开招标
59	河北省	河北省张家口公共安全视频监控建设联网应用（雪亮工程）PPP项目	17831.00	执行阶段	2017-3-15	暂无	政府付费	10	BOT	公开招标

序号	所属省	项目名称	项目总投资/万元	所处阶段	发起时间	项目示范级别/批次	回报机制	合作期限/年	运作模式	采购方式
60	湖北省	武汉食品工业加工智慧园区示范工程建设项目	25399.00	采购阶段	2017-3-8	暂无	可行性缺口补助	25	BOT	公开招标
61	广东省	广东省阳江市阳春市智慧城市PPP项目	19932.00	采购阶段	2017-2-17	暂无	可行性缺口补助	15	其他	竞争性磋商
62	河北省	河北省承德市滦平县"天网"深化工程PPP项目	9335.63	执行阶段	2017-2-1	暂无	政府付费	11	BOT	公开招标
63	陕西省	陕西省汉中市汉台区智慧汉台PPP项目	26034.22	执行阶段	2017-1-18	暂无	可行性缺口补助	12	BOT	公开招标
64	广西壮族自治区	广西玉林市智慧城市项目一期	45067.48	准备阶段	2017-1-11	暂无	政府付费	10	BOT	公开招标
65	河南省	河南省信阳市光山县"智慧光山"建设PPP项目	24992.50	执行阶段	2017-1-10	暂无	可行性缺口补助	10	BOT	竞争性磋商
66	山东省	山东省烟台市招远市智慧金都项目	119800.00	执行阶段	2017-1-5	暂无	可行性缺口补助	20	BOT	公开招标
67	湖南省	湖南省怀化市中方县智慧中方一期建设PPP项目	47306.25	执行阶段	2017-1-1	暂无	可行性缺口补助	20	其他	竞争性磋商
68	湖南省	湖南省益阳市桃江县智慧桃江建设PPP项目	25310.00	执行阶段	2016-12-9	暂无	可行性缺口补助	15	其他	竞争性磋商
69	湖北省	智慧石首建设PPP项目	16139.00	采购阶段	2016-11-24	暂无	可行性缺口补助	15	BOT	公开招标
70	湖北省	湖北省天门市智慧城市建设与运营	5290.62	执行阶段	2016-11-14	暂无	可行性缺口补助	12	BOT	竞争性磋商

续表

序号	所属省	项目名称	项目总投资/万元	所处阶段	发起时间	项目示范级别/批次	回报机制	合作期限/年	运作模式	采购方式
71	新疆维吾尔自治区	新疆昌吉市准东经济技术开发区平安城市视频监控系统建设项目	8345.91	执行阶段	2016-11-9	暂无	政府付费	10	其他	公开招标
72	黑龙江省	哈尔滨市阿城区智慧城市建设运营项目	738.44	采购阶段	2016-10-1	暂无	政府付费	10	BOT	公开招标
73	江苏省	淮安区大数据产业园一期项目	25746.74	执行阶段	2016-9-25	暂无	使用者付费	12	BOT	竞争性磋商
74	辽宁省	辽宁省大连市庄河市智慧城市一期工程PPP项目	21306.69	执行阶段	2016-9-5	暂无	可行性缺口补助	12	BOT	公开招标
75	河北省	河北省承德市隆化县智慧城市PPP建设项目	9549.00	执行阶段	2016-8-1	暂无	可行性缺口补助	15	BOT	竞争性磋商
76	河南省	舞钢市智慧城市建设项目	17002.02	执行阶段	2016-8-1	暂无	政府付费	10	BOT	公开招标
77	安徽省	安徽省池州市社会服务管理信息化平台PPP项目	10547.00	执行阶段	2016-5-10	暂无	可行性缺口补助	11	其他	单一来源采购
78	江苏省	江苏省丹阳市智慧城市项目	14699.00	执行阶段	2016-5-5	暂无	可行性缺口补助	15	BOT	公开招标
79	湖南省	吉首市智慧城市建设	40000.00	执行阶段	2016-5-4	暂无	可行性缺口补助	15	BOT	公开招标
80	安徽省	安徽省合肥市庐江县智慧城市管理运营项目	100000.00	执行阶段	2016-4-18	暂无	可行性缺口补助	25	其他	公开招标
81	湖南省	湖南省娄底市智慧娄底建设PPP项目	70192.74	执行阶段	2016-4-14	暂无	使用者付费	19	其他	公开招标
82	河北省	河北省沧州市任丘市智能交通系统工程	25459.92	执行阶段	2016-3-1	暂无	政府付费	11	BOT	公开招标

序号	所属省	项目名称	项目总投资/万元	所处阶段	发起时间	项目示范级别/批次	回报机制	合作期限/年	运作模式	采购方式
83	福建省	福建省泉州市智慧丰泽（一期）PPP项目	45494.00	执行阶段	2016-1-28	暂无	政府付费	10	BOT	公开招标
84	黑龙江省	黑龙江省哈尔滨市方正县智慧城市项目	6355.94	执行阶段	2016-1-5	暂无	政府付费	10	BOT	公开招标
85	黑龙江省	黑龙江省大庆市信息惠民工程PPP项目	25957.09	执行阶段	2015-12-15	暂无	可行性缺口补助	10	BOT	竞争性磋商
86	新疆维吾尔自治区	新疆维吾尔自治区昌吉州木垒县新型智慧木垒建设项目	19712.00	执行阶段	2015-11-11	暂无	政府付费	10	BOT	邀请招标
87	江苏省	淮安市智慧城市项目	88000.00	执行阶段	2015-7-1	暂无	可行性缺口补助	10	BOO	公开招标

参考文献

[1] Tan Yigitcanlar. Smart cities: an effective urban development and management model[J]. Australian Planner, 2015, 52 (1):27-34.

[2] 张纯,李蕾,夏海山. 城市规划视角下智慧城市的审视和反思[J]. 国际城市规划,2016(1):19-25.

[3] 刘晓娟,黄海晶,张晓梅. 智慧城市建设中的数据开放、共享与利用[J]. 电子政务,2016(3):35-42.

[4] 张节,李千惠. 智慧城市建设对城市科技创新能力的影响[J]. 科技进步与对策,2020,37(22):38-44.

[5] 湛泳,李珊. 金融发展、科技创新与智慧城市建设——基于信息化发展视角的分析[J]. 财经研究,2016(2):4-15.

[6] Mametja, Constance. Moving towards good governance and effective performance management through the application of smart city principles in local government[J]. IMFO : Official Journal of the Institute of Municipal Finance Officers, 2015, 16 (2):20-23.

[7] 阿尔伯特·梅耶尔,曼努埃尔·佩德罗,谢嘉婷,等. 治理智慧城市:智慧城市治理的文献回顾[J]. 治理研究,2020,36(2):90-99.

[8] 崔巍. 大数据时代新型智慧城市建设路径研究[J]. 社会科学战线,2021(2):251-255.

[9] 林园春. 智慧城市建设中的金融困境及其突破研究[J]. 金融理论与实践,2015(9):48-52.

[10] 梁毕明．我国智慧城市建设融资问题剖析[J]．经济纵横，2015(06):63-65．

[11] 蒋明华，吴运建，丁有良．智慧城市系统及项目的投资运营模式研究[J]．电子政务，2014(12):93-100．

[12] Laurent Dupont , Laure Morel , Claudine Guidat. Innovative public-private partnership to support Smart City: the case of Chaire REVES[J].Journal of Strategy and Management, 2015, 8 (3):245-265．

[13] Ha N T, Fujiwara T. Real Option Approach on Infrastructure Investment in Vietnam: Focused on Smart City Project[J]. Global Journal of Flexible Systems Management, 2015, 16(4):331-345．

[14] Fretheim, Derek. How to improve community mobility in a smart city through public-private partnerships[J]. American City & County Exclusive Insight, 2017(11):3．

[15] Koliba Christopher, DeMenno Mercy, Brune Nancy, et al. The salience and complexity of building, regulating, and governing the smart grid: Lessons from a statewide public–private partnership[J]. Energy Policy. 2014(74):243-252．

[16] Gary Nichols. Public private partnerships for IT services: municipalities gain operating efficiencies and performance while minimizing risk[J/OL]. [2021-12-22]. http://americancityandcounty.com.

[17] 李明，吴磊．智慧城市建设项目 PPP 模式应用现状与推进建议[J]．科技进步与对策，2018,35(24):112-116．

[18] 杨礼茂，李文静．我国智慧城市建设的风险与对策[J]．未来与发展，2014(6):2-6．

[19] 胡丽，陈友福．智慧城市建设不同阶段风险表现及防范对策[J]．中国人口．资源与环境，2013(11):130-136．

[20] 范闯，刘玉明．浅析 PPP 模式的智慧城市建设风险与利益分配方法[J]．哈尔滨工业大学学报（社会科学版），2019,21(2):135-140．

[21] Charles G. Cullum. Professional management and the public/private partnership[J].National Civic Review, 1978, 67(6), 270-271.

[22] 贾康，孙洁. 公私伙伴关系（PPP）的概念、起源、特征与功能[J]. 财政研究，2009(10):2-10.

[23] 张万宽，杨永恒，王有强. 公私伙伴关系绩效的关键影响因素——基于若干转型国家的经验研究[J]. 公共管理学报，2010(3):103-112.

[24] 赖丹馨，费方域. 公私合作制（PPP）的效率：一个综述[J]. 经济学家，2010(7):97-104.

[25] 张淑智. 谈谈全行业公私合营后生产关系的根本变化[J]. 财经研究，1957(2):1-7.

[26] 周阳. 我国城市水务业 PPP 模式中的政府规制研究[J]. 中国行政管理，2010(3):63-66.

[27] 张智慧，张剑寒. 城市轨道交通 PPP 项目运营补贴测算[J]. 清华大学学报（自然科学版），2016,56(12):1327-1332.

[28] 李秀辉，张世英. PPP 与城市公共基础设施建设[J]. 城市规划，2002,26(7):74-76.

[29] 王俊豪，徐慧，冉洁. 城市公用事业 PPP 监管体系研究[J]. 城市发展研究，2017, 24(4):92-99.

[30] 徐静. 政府与社会资本合作模式下的智慧城市项目分类研究[J]. 现代管理科学，2017(2):70-72.

[31] 陈雅芝. PPP 模式在电子政务建设中的应用研究[J]. 图书情报工作，2010(6):141-144.

[32] Nannan Wang. Private finance initiative as a new way to manage public facilities: A review of literature[J]. Facilities, 2014, 32 (11):584-605.

[33] Jun Koo, Gyun-Soo Yoon, Injae Hwang , etal. A Pitfall of Private Participation in Infrastructure[J]. The American Review of Public Administration, 2013, 43 (6):674-689.

[34] Tarek M. Zayed, Luh-Maan Chang. Prototype Model for Build-Operate-Transfer Risk Assessment[J]. Journal of Management in Engineering, 2002,18(1): 7-16.

[35] Ernest Effah Ameyaw, Albert P.C. Chan. Identifying public-private partnership (PPP) risks in managing water supply projects in Ghana[J]. Journal of Facilities Management, 2013, 11(2):152-182.

[36] 胡忆楠，丁一兵，王铁山. "一带一路"沿线国家 PPP 项目风险识别及应对[J]. 国际经济合作，2019(03):132-140.

[37] 李妍,赵蕾. 新型城镇化背景下的 PPP 项目风险评价体系的构建——以上海莘庄 CCHP 项目为例[J]. 经济体制改革，2015(5):17-23.

[38] Alireza Valipour , Nordin Yahaya , Norhazilan Md Noor, et al. A fuzzy analytic network process method for risk prioritization in freeway PPP projects: an Iranian case study[J].Journal of Civil Engineering and Management(IF 2.016), 2015, 21 (7):933-947.

[39] Yin H, Li Y F, Zhao D M. Risk Factor Empirical Research of PPP Projects Based on Factor Analysis Method[J].American Journal of Industrial and Business Management, 2015, 5 (6):383-387.

[40] Li J, Zou P X W. Fuzzy AHP-Based Risk Assessment Methodology for PPP Projects[J].Journal of Construction Engineering and Management(IF 0.876), 2011, 137 (12):1205-1209.

[41] Sadoullah Ebrahimnejad, Seyed Meysam Mousavi , Hamed Seyrafianpour. Risk identification and assessment for build-operate-transfer projects：A fuzzy multi attribute decision making model[J].Expert Systems with Applications, 2010, 37 (1):575-586.

[42] Loosemore M, Cheung E. Implementing systems thinking to manage risk in public private partnership projects[J].International Journal of Project Management, 2015, 33(6):1325-1334.

[43] 魏蓉蓉，李天德，邹晓勇. 我国地方政府 PPP 隐性债务估算及风险评估——基于空间计量和 KMV 模型的实证分析[J]. 社会科学研究，2020(2):66-74.

[44] Jin X H. Determinants of efficient risk allocation in privately financed public infrastructure projects in Australia[J].Journal of Construction Engineering and Management, 2010, 136 (2):138-150.

[45] Ng A, Loosemore M. Risk allocation in the private provision of public infrastructure[J]. International Journal of Project Management, 2007, 25 (1):66-76.

[46] Nikolai Mouraviev, Nada K. Kakabadse. Risk allocation in a public-private partnership: a case study of construction and operation of kindergartens in Kazakhstan[J].Journal of Risk Research, 2014, 17(5):621-640.

[47] 陈艳，吕云翔，谢运慧. 基于 PT-MA 理论的 PPP 项目风险管理行为演化博弈分析[J]. 系统科学学报，2020,28(4):65-70.

[48] 王蕾，赵敏，彭润中. 基于 ANP-Shapley 值的 PPP 模式风险分担策略研究[J]. 财政研究，2017(6):40-50.

[49] 尹航，李远富，赵冬梅. 基于粗糙集的 PPP 项目风险分担方案选择研究[J]. 计算机工程与应用，2015,51(9):9-15.

[50] Nehemiah Y S, Natalia A A. A Conceptual Framework for Managing Risks in Public Private Partnership Projects in Housing Estate Development in Nigeria[J].International Journal of Regional Development, 2016, 3 (1):50-63.

[51] Alireza Valipour, Nordin Yahaya, Norhazilan Md Noor, et al. A fuzzy analytic network process method for risk prioritization in freeway PPP projects: an Iranian case study[J].Journal of Civil Engineering and Management(IF 2.016), 2015, 21(7):933-947.

[52] Hadi Sarvari, Alireza Valipour, Nordin Yahaya, et al. Risk Ranking of Malaysian Public Private Partnership Projects[J]. Applied Mechanics and Materials, 2014, 3228(567):613-618.

[53] Ernest Effah Ameyaw, Albert PC Chan. Risk ranking and analysis in PPP water supply infrastructure projects[J].Facilities, 2015, 33(7/8):453-428.

[54] Kanter R M, Litow S S. Informed and Interconnected: A Manifesto for Smarter Cities[J/OL]. [2021-03-27]. DOI:10.2139/ssrn.1420236.

[55] Anthopoulos L G . Understanding the Smart City Domain: A Literature Review[M]. Berlin: Springer International Publishing, 2015.

[56] 李德仁，姚远，邵振峰. 智慧城市的概念、支撑技术及应用[J]. 工程研究——跨学科视野中的工程，2012,4(4):313-323.

[57] 李成名，李兵. 从数字城市走向智慧城市[J]. 地理空间信息，2013(z1):8-10.

[58] 傅荣校. 智慧城市的概念框架与推进路径[J]. 求索，2019(5):153-162.

[59] 唐斯斯，张延强，单志广，等. 我国新型智慧城市发展现状、形势与政策建议[J]. 电子政务，2020(4):70-80.

[60] 蒋华雄，郑文升. "智慧"城市主义：思想内涵、现实批判及其转型启示[J]. 城市发展研究，2021, 28(01):111-116,124.

[61] 许庆瑞，吴志岩，陈力田. 智慧城市的愿景与架构[J]. 管理工程学报[J]，2012,26(4):1-6.

[62] Gabriela Viale Pereira, Peter Parycek, Enzo Falco. Smart governance in the context of smart cities: A literature review[J]. The International Journal of Government & Democracy in the Information Age,2018, 23(2):143-162.

[63] Ponnusamy K. Impact of public private partnership in agriculture: A review[J]. Indian Journal of Agricultural Sciences, 2013, 83(8):803-808.

[64] Yescombe E R. Public-private partnership: principles of policy and Finance [M]. London: Butterworth-Heinemann, 2007.

[65] 陈圆，何为. 城市基础设施运营绩效评价指标与方法[J]. 重庆大学学报（社会科学版），2014,20(2):8-14.

[66] E. S. 萨瓦斯. 民营化与 PPP 模式：推动政府和社会资本合作[M]. 周志忍，等译. 北京：中国人民大学出版社，2015.

[67] 达霖·格里姆赛，莫文·K·刘易斯. PPP 革命：公共服务中的政府和社会资本合作[M]. 济邦咨询公司，译. 北京：中国人民大学出版社，2016.

[68] Savas E S. A taxonomy of privatization strategies[J]. Policy Studies Journal, 1989, 18(2):343-355.

[69] 萨瓦斯，敬乂嘉，胡业飞. 访纽约城市大学 E. S. 萨瓦斯（E. S. Savas）教授[J]. 复旦公共行政评论，2013(02):252-257.

[70] Steven A, Steckler. A guide to public-private partnership in infrastructure: bridging the gap between infrastructure needs and public resources[M]. Washington, DC: Price-Waterhouse, 1993.

[71] 戚安邦. 项目风险管理[M]. 天津：南开大学出版社，2010.10.

[72] 孙荣霞. 基于霍尔三维结构的公共基础设施 PPP 项目融资模式的风险研究[J]. 经济经纬，2010(6):142-146.

[73] 黄柯，祝建军. PPP 项目全生命周期三维风险动态分析模型[J]. 数学的实践与认识，2019,49(20):60-70.

[74] 项目管理协会. 项目管理知识体系指南[M]. 3 版. 北京：电子工业出版社，2005.

[75] 汤茜草. 无形城市对当前城市运营理念的冲击[J]. 城市问题，2006(06):26-29.

[76] 朱沙，郭佩霞. 我国公共产品基础理论研究进展与评述[J]. 技术经济与管理研究，2011(10):71-74.

[77] 徐静. 政府与社会资本合作模式下的智慧城市项目分类研究[J]. 现代管理科学，2017(2):70-72.

[78] 施颖，刘佳. 基于 PPP 模式的城市基础设施特许经营期决策研究[J]. 当代经济管理，2015(6):18-23.

[79] 陈晓原．外国大城市基础设施产权结构、经营模式和政府管理[J]．上海行政学院学报，2013,14(4):13-23．

[80] 上海市城市发展信息研究中心．经营城市如何区分经营性和非经营性项目[J]．中国城市经济，2001(7):13-15．

[81] 和宏明．我国城市基础设施投资运营体制改革的理论[J]．城市发展研究，2004(1):54-58．

[82] 夏芳晨．城市公共资源运营体制存在的问题及创新思路[J]．东岳论丛，2011, 32(6):177-179．

[83] 林竹．城市运营与城市经营的理论与实践辨析[J]．规划师，2014,30(9):116-121．

[84] 徐静．智慧城市运营及其投融资模式研究[J]．商业时代，2013(32):142-143．

[85] 范丽莉．特许经营模式在城市信息基础设施建设中的应用研究——以信息亭为例[J]．电子政务，2015(2):83-90．

[86] 黄连庆，肖希明．数字信息资源的服务形态与经营模式[J]．大学图书馆学报，2008(2):59-63．

[87] 蒋明华，吴运建，丁有良，等．智慧城市系统及项目的投资运营模式研究[J]．电子政务，2014(12):93-100．

[88] 程娟．数字城市建设的新型运营和管理模式——基于经济学的分析[J]．2008(3):124-126．

[89] 王其藩．系统动力学[M]．北京：清华大学出版社，1994．

[90] 吴锡军．系统思考和决策试验[M]．南京：江苏科学技术出版社，2001．

[91] Jay W Forrester. Principles of Systems [M]. Cambridge, Massachusetts: Wright-Allen Press, 1968.

[92] John D. Sterman. Business Dynamics: Systems Thinking and Modeling for a Comples World[M]. New York: McGraw-Hill Education, 2000.

[93] Alexandre Rodrigues. The Role of System Dynamics in Project Management[J]. International Journal of Project Management, 1996, 14(4):213-220.

[94] 李存斌，陆龚曙. 工程项目风险元传递的系统动力学模型[J]. 系统工程理论与实践，2012, 32(12):2731-2739.

[95] 冯磊，周晶. Partnerring 模式下工程项目管理的系统动力学模型[J]. 系统工程，2010(8):100-104.

[96] 王宇静. 一种基于系统动力学的项目管理方法[J]. 统计与决策，2010(12):34-36.

[97] 翟丽，宋学明，辛燕飞. 系统动力学在软件项目管理中的应用:对解决问题各备选方案的评价[J]. 软科学，2008, 22(1):59-62.

[98] 姚张峰，许叶林，龚是滔. 关于 PPP 垃圾焚烧发电项目特许定价研究——基于系统动力学理论分析[J]. 价格理论与实践，2017(4):132-135.

[99] 孙春玲，任菲，张梦晓. 公私合营项目收益系统动力学分析——以天然气项目为例[J]. 中国科技论坛，2016(3):131-137.

[100] 薛朝改，周金库. 三方视角下 PPP 项目绩效的系统动力学建模与分析[J]. 科技管理研究，2019, 39(17):205-213.

[101] 吴运建，丁有良，孙成访. 基于复杂产品系统视角的智慧城市项目研究[J]. 城市发展研究，2013, 20(4):83-88.

[102] 胡丽. 城市基础设施 PPP 模式融资风险控制研究[D]. 重庆：重庆大学，2010.

[103] 詹原瑞. 影响图的理论方法与应用[M]. 天津：天津大学出版社，1995.

[104] Sewall Wright. The Method of Path Coefficients[J].The Annals of Mathematical Statistics, 1934, 5(3):161-215.

[105] Good I J. A Causal Calculus (I)[J].The British Journal for the Philosophy of Science, 1961, 11(44):305-318.

[106] Good I J. A Causal Calculus (II)[J].The British Journal for the Philosophy of Science, 1961, 12(45):43-51.

[107] John Diffenbach. Influence Diagrams for Complex Strategic Issues[J]. Strategic Management Journal, 1982, 3(2):133-146.

[108] Shachter R D. Evaluating Influence Diagrams[J].Operations Research, 1986, 34(6):871-882.

[109] Smith J Q. Influence Diagrams for Statistical Modelling[J].The Annals of Statistics, 1989, 17(2):654-672.

[110] Mateou, N H, Hadjiprokopis A P, Andreou A S. Fuzzy Influence Diagrams: An Alternative Approach to Decision Making Under Uncertainty[C]// International Conference on Computational Intelligence for Modelling, Control & Automation, & International Conference on Intelligent Agents, Web Technologies & Internet Commerce, 2005.

[111] 程铁信，王平，张伟波. 模糊影响图评价算法的探讨[J]. 系统工程学报，2004(2):177-182.

[112] 王檀林，汪克夷. 基于区间值模糊影响图的风险分析方法研究[J]. 科技管理研究，2012(17):208-211.

[113] 常志朋，王永利，程龙生. 基于模糊影响图与 D-S 证据理论的多属性群决策方法[J]. 模糊系统与数学，2014(4):100-109.

[114] Rodriguez-Muniz L J, Lopez-Diaz M, Gil M A. Solving influence diagrams with fuzzy chance and value nodes[J]. European Journal of Operational Research, 2005, 167(2):444-460.

[115] 陈赟，李晶晶，杨文安. 模糊影响图评价高速公路经营风险[J]. 系统工程，2006(3):40-43.

[116] 张锟，葛磊，王春新，等. 基于模糊影响图理论的信息安全风险评估[J]. 郑州大学学报（工学版），2008, 29(1):35-38.

[117] 刘政方，吴广谋．基于模糊影响图的新产品研发项目风险评估分析[J]．科技与管理，2009(5):75-77,81．

[118] 孔媛媛，王恒山，朱珂，等．模糊影响图评价算法在供应链金融信用风险评估中的应用[J]．数学的实践与认识，2010, 40(21):80-86．

[119] 邓小鹏．PPP 项目风险分担及对策研究[D]．南京：东南大学，2007．

[120] Von Neumann J, Morgenstern O. Theory of Games and Economic Behavior[M]. Princeton: Princeton University Press, 1944．

[121] 李军林，李岩．合作博弈理论及其发展[J]．经济学动态，2004(9):79-85．

[122] 何涛，赵国杰．基于随机合作博弈模型的 PPP 项目风险分担[J]．系统工程，2011(4):88-92．

[123] 李林，刘志华，章昆昌．参与方地位非对称条件下 PPP 项目风险分配的博弈模型[J]．系统工程理论与实践，2013(8):1940-1948．

[124] 李妍．不完全信息动态博弈视角下的 PPP 项目风险分担研究——基于参与方不同的出价顺序[J]．财政研究，2015(10):50-57．

[125] 白晓燕，许华，徐意．PPP 项目三方参与者风险分担讨价还价博弈研究[J]．渭南师范学院学报，2018(6):88-96．

[126] 汪雯娟，彭翔，王波，等．基于风险偏好的 PPP 项目风险分担博弈优化模型[J]．工程经济，2018(2):31-35．

[127] 王军武，余旭鹏．考虑风险关联的轨道交通 PPP 项目风险分担演化博弈模型[J]．系统工程理论与实践，2020,40(9):2391-2405．

[128] 吴昺兵，贾康．PPP 项目财政支出责任债务风险生成机理的政社博弈分析[J]．经济与管理研究，2022,43(02):30-47．